国家公共という生き方

女性が輝く時代

花村邦昭 著

三和書籍

まえがき

「男女共同参画」「女性が輝く時代」「働き方改革」「雇用制度改革」が国策の柱に掲げられて久しい。

本来なら、企業の「組織文化」はそれによってどう変革されるべきか、それは「生活文化」にどのような影響を及ぼすか、あるいは、そのために国政運営面や地方行政面でどんな新機軸が打ち出されるべきか、などといった国家・社会の中核的イシューへと論議は展開されてしかるべきなのに、残念ながら現状では「労働時間管理」「勤務条件」などといった企業内部の「人事管理手法」に止まるか、ないしは「管理職中・役員中の女性比率」といった「員数合わせ」が、せいぜいのところ「裁量労働制」「雇用形態」「外国人雇用」など当面の「雇用対策」に問題領域は閉じられたままである。

これらの諸点については、「働く女性」の立場からこれまで、『やまとをみなの女性学』、『女性が輝く時代「働く」とはどういうことか』、『働く女性のためのリーダーシップ講義』、『女性管理職のためのリーダーシップセミナーQ&A』の四冊で（いずれも三和書籍より上梓）、主として「組織文化」「生活文化」の観点から私見を述べさせていただいたが、本書はこれを「国家公共」という観点から改めて取り上げようとするものである。

「輝く」べく日々を真摯に生き、働いておられる女性のみなさんへのさらなる期待を込めた応援メッセージである。

凡例

読者の便宜を考え、補足的説明や細目に亘る記述はできるだけ〈*〉に廻すこととした。この〈*〉部分は飛ばして読んでくださっても論旨は通るように配慮した積りである。

目次

第三章 「公共的英知」の創発 81

はじめに

人は成人するにつれて「家族生活圏」「地域生活圏」「組織生活圏」「仲間生活圏」の四つの「生活圏」を「公共生活者」としてバランスよく生きていくなかで各人それぞれに「生きるかたち」「生きる構え」「行動規範」「生活規範」を体得していく。(「第一章」)。

「公共生活者」の「生きるかたち」「生きる構え」「行動規範」「生活規範」は本来的に各人各別である。それが統摂されて「国家」を形成するのであるが、それには各「公共生活者」間で「自己反照的・相互反照的対話」が積み重ねられる必要がある。そして、その反復的対話が持続可能であるためには、そこに「公共生活者」同士の「協力同心」「相互信頼」「相互理解」「相互支援」の所業、および、それを支える「自己供犠」「贈与」「謝恩」「奉仕」の精神が求められる。すなわち「公共的英知」の創発である。この「公共的英知」創発のプロセスにおいて「国民」は「国家公共」という生き方を体現する「英知公共人」へと成長する。つれて「国家」は「英知国家」へと創成される。これらがバランスよく同時進行するには、「英知公共人」たる「国民」はそれを担うに足るだけの「自覚・決意」「覚悟・志」を具えた「而立而存」の自己でなくてはならない。逆に言えば、この一連のプロセスのなかで強靭な「而立而存」の自己が練成される。そして、その全体は「信」の力によって支えられる。(以上「第二章」)。

問題は、この全体プロセスの中核に位置づけられる「公共的英知」は如何なる機序によって創発するのかである。他律的訓練によるのでなく自律的自己啓発によって体得される「公共的英知」であってはじめて「英知公共人」は「国家公共」という生き方の体現主体となることができる。（「第三章」）。

なお、本来的にバラバラである「国民」が「国家」へと統摂されるには、異質多様なものを互いに融合させるいわば「媒質《ばいしつ》」の役割を果たすものが何かそこになければならない。かつては「万世一系」を謳う「国家神道」に依拠した「国体論」がその役割を担ったが、いまではそのようなイデオロギー的規範が再導入されることはあり得ないとして、本書はそれを「日本的霊性」「霊性的自覚」（鈴木大拙）と捉える。言いかえれば∧「宇宙摂理」のハタラキへの共属意識∨である。それが「信」の力を支える。（「第四章」）。

「国家」統摂の機序とこの「霊性的世界」のハタラキとはどう結びつくのか、あるいは「国民」各人の「生きるかたち」「生きる構え」「行動規範」「生活規範」が「国のかたち」へと重合的に合成される機序は何なのか、これについてはいろいろの考えがあり得るだろうが、ここでは、学校法人　大妻学院の創立者である大妻コタカの夫で生涯に亘って彼女を蔭で支えた大妻良馬の「霊界建設」思想をその一範例として参照することとする。（「第五章」）。

以上が本書の概要であるが、これまで男性は概して「組織生活圏」に軸足を置き、「個」・「国家」サイドに傾斜した生き方を強いられ、あるいはそれを自己選択してきたのに対し、女性は各「生活圏」の「間」で、また、「個」・「国家」～「個人」・「公共」の「間」で巧みにバランスをとりながら生きてきたという歴史的経緯がある。その「間」を生きることで女性はそれぞれ「公共的英知」を輝かせ、その「間」で「国家公共」という生き方を体得・体現してきたと言ってよい。これから到来する社会では（ＡＩ社会ではなおさら）そのようないわば〈「間」的生き方〉がむしろ主流となる*。「男女共同参画社会」の提唱にはそれへの展望も視野に入っているはずである。「女性が輝く時代」の射程は少なくともそこまで届いていなければならない。本書はささやかながらそこに一石を投ぜんとするものである**。

*「公共生活者」は、一方では「公」的役割存在者としての「個」を生き、他方では「共」的人格存在者としての「個人」を生きる。そこには〈「個」～「個人」〉の「間」の矛盾葛藤がある。「国家公共」もまた〈「国家」～「公共」〉の「間」で矛盾葛藤を抱えている。「国家」は国民を「公＝個」的役割存在として捉えようとするのに対し、「公共」は国民を「共＝個人」的人格存在として捉える。この〈「個」・「国家」～「個人」・「公共」〉という非対称関係にあるものの「間」を調停するのが「国家公共」という生き方である。そこから「公共的英知」が創発し、「国家」は「英知国家」へと創成される。

**本書は「国のかたち」のあるべき具体像を提示しようというのではない。かつての「国体論」や「教育勅語」のようなものを復活させようとする意図などもさらさらない。また、「国家」サイドから国政面での諸課題を取り上げようというのでもない。「国民」サイドから「自己自治」「国民連帯」のあり方を考究することを通して、崩れかけている「国のかたち」をこれからどう立てなおすか、読者の皆さんと一緒に考えていきたい。

第一章

「公共生活圏」を生きる

人が「公共生活者」として生きる「公共生活圏」は筋書きのない即興劇が演じられる「劇場空間」である。そこでは全員が共演者であり同時に観客である。予め決められたシナリオはない。そこに「劇」が成立するのは全員が同じ「場」の共演者であり演出者であること、互いがその脚本家同士であることを相互承認し合っているからである。

「舞台」は四つのステージから成る。「家族生活圏」「地域生活圏」「組織生活圏」「仲間生活圏」である。その綜合のうえに「公共生活圏」が開かれる。そこを「公共生活者」としてバランスよく生きるなかで、また、互いに「公共生活者」同士としての在り方を相互調整するなかで、人は「公共的英知」を創発させ、つれて「公共生活圏」は「英知公共圏」へ、「公共生活者」は「英知公共人」へと成熟していく。その背景にはわが国の「伝統文化圏」が、そしてそのさらに深奥には「霊性的世界」が広がっている。これを図解して示せば〈図1〉のようになる。このプロセスのなかで「国家」は「英知国家」へと創成され、そこから「国家公共」の観念が生成される。

図1　「公共生活圏」－「英知公共圏」の構造
―「公共的英知」の創発―

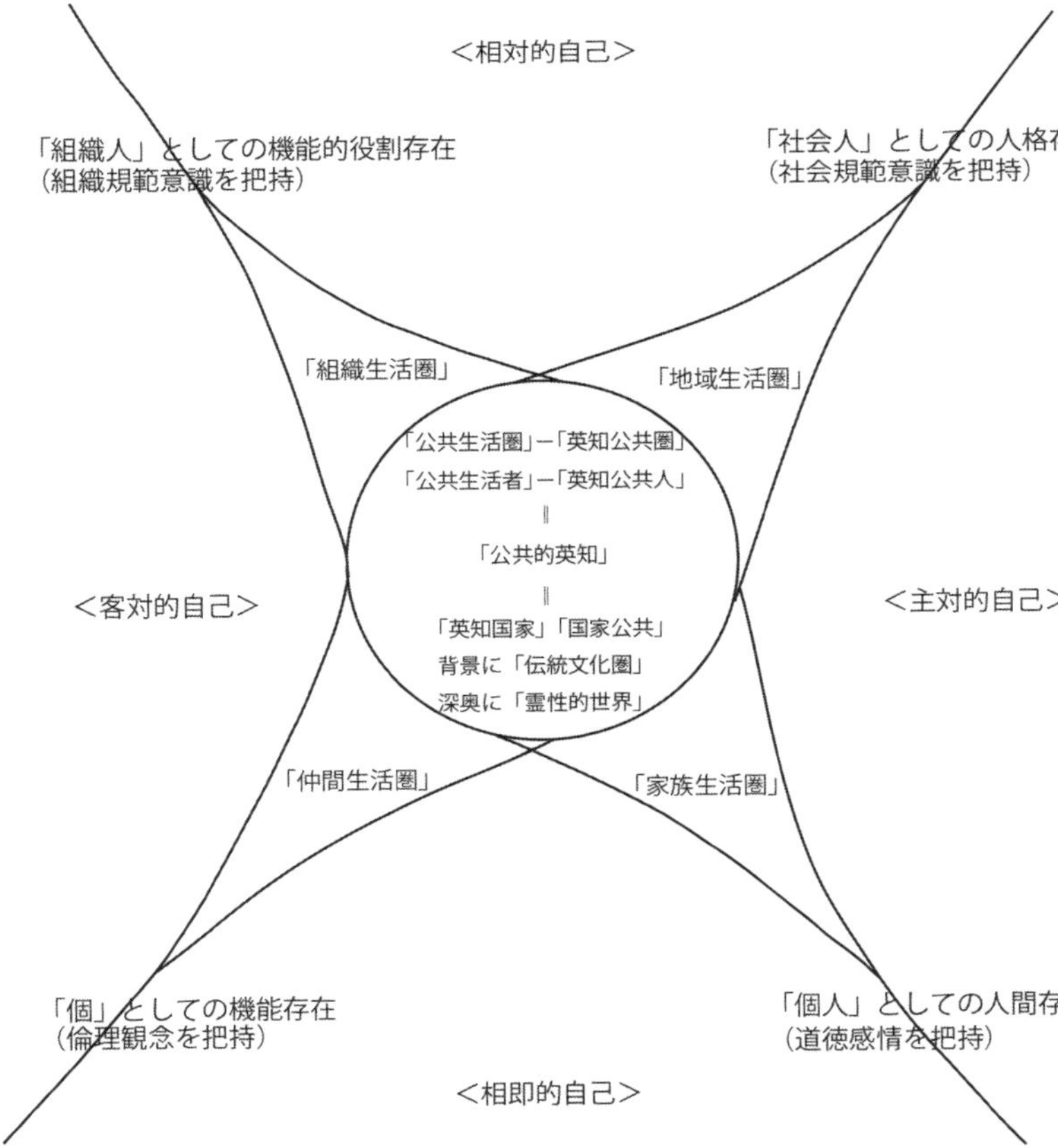

人は＜主対的自己＞（自分自身に正面から向き合う自己）と＜客対的自己＞（自分自身を他者の視点から客観的に見つめ直す自己）の間でバランスをとりながら生きる（横軸）、同時に＜相即的自己＞（自分らしく生きたいと願う自己）と＜相対的自己＞（他者を気遣いながら生きねばならない自己）との間でもバランスをとりながら生きている（縦軸）。その四つの「自己」が重なり合って（縦軸と横軸が交わる座標軸原点において）構成される「生活圏域」を図式化して示したものが＜図1＞である。（この基本「構図」はこれからも繰り返し使用する）。

人が棲みこむ「生活圏域」は「家族生活圏」「地域生活圏」「組織生活圏」「仲間生活圏」で構成されるが、その綜合圏域として「公共生活圏」－「英知公共園」が中央に開かれる。各「生活圏」の内実に立ち入る前にそれぞれについてその概要を説明しておく。

人は先ず「**家族生活圏**」に生まれる。そこは人が＜相即的自己＞と＜主対的自己＞の間で＜自己＞なる存在へと覚醒し成育する大切な圏域である。そこを起点にして人は「個人」としてそれぞれに＜道徳感情を把持した人間存在＞へと成熟していく。

次いで人は「**地域生活圏**」の住人へと成育する。そこは＜主対的自己＞が＜相対的自己＞として自らを律せねばならない自己訓練の圏域である。そこでの学習（学校はその重要な場となる）を通して人は「社会人」として＜社会規範意識を把持した人格存在＞へと成熟していく。

そしてやがて人は「**組織生活圏**」の成員となる。そこで人は＜相対的自己＞と＜客対的自己＞の間をさまざまに自己調停しながら生きていかねばならない。そこにおいて人は「組織人」として＜組織規範意識を把持した機能的役割存在∨へと成熟していく。

そしていつしか「組織生活圏」から離れても、あるいは「組織生活圏」「地域生活圏」「家族生活圏」に内属しつつも、人はつねに親しい仲間たちと互いに支え合いつつ「**仲間生活圏**」を形成する。そこは人が∧客対的自己∨と∧相即的自己∨との間で葛藤を抱えつつも心安らぐことのできる人生にとって貴重な圏域である。そこにおいて人は「個」として∧倫理観念を把持した機能存在∨として生きていく。そこは「ピア存在」として生きたいと願う仲間同士が互いに折り合い支え合いながら生きていく「ピア2ピア圏」である。

人はこうして「家族生活圏」「地域生活圏」「組織生活圏」「仲間生活圏」の間をそのライフステージごとに、あるいはその時々の状況に応じて適宜に軸足を移動させつつバランスをとりながら綜合的に「**公共生活圏**」を「**公共生活者**」として生きていく。そして、「公共生活者」同士が集まって共同生活圏域を漸次拡げていくなかで「公共生活圏」は「**英知公共圏**」へと生成され、「公共生活者」は互いにその相関を相互調停し合うなかで「**英知公共人**」へと成熟していく。そのプロセスにおいて「**公共的英知**」が創発する。つれて「国家」は「英知国家」へと進展し、そこに「国家公共」という観念が生成される。

「英知公共圏」「英知公共人」にとって大事なことは各「生活圏」生成の機序ならびにその「意味・価値」について共通理解が成立していることである。簡記すれば次のごとくである。ポイントは、そこには上からの（「国家」サイドからの）権力行使的規範化作用はいっさい存在せず、あるのは自励自発的な自己組織化過程のみという一点である。

① **「家族生活圏」**こそが「公共的英知」が創発する源境であることの国民的合意があること。すなわち、「家族」こそが「英知公共人」が成育するうえで大事なスタート台であることを相互理解し合うこと。生きて行くうえで基本となる**「生きるかたち」**はこの「家族生活圏」で体得される。

② **「地域生活圏」**の再生がいま急務であること。地方・地域文化の創成・発展なくして「公共的英知」の創発はあり得ないこと。過疎地対策・地域活性化策は「英知国家」の資質が問われる重大な政策課題であるべきこと。世を生きていくうえで求められる**「生きる構え」**はこの「地域生活圏」で体得・体現される。

③ **「組織生活圏」**では業務運営全般を「企業は社会の公器」の観点から再編成すべきこと。それを通して企業組織文化は根底から見直されるべきこと*。「働き方改革」はそこから始まることを経営者自身が「英知公共人」として再確認すべきこと。社会人としてあるべき**「行動規範」**はこの「組織生活圏」で習得される。

④ **「仲間生活圏」**こそが「英知公共圏」の典型的圏域であることを再認識して、その組成のための仕掛けづくりに国も企業も個人も率先して取り組むべきこと。「人生百歳」の時代「仲間生活圏」をどう組成・編成するかは国民的課題である。人間として守るべき**「生活規範」**はこの「仲間生活圏」で習得される。

⑤（以下は「第二章」「第三章」で主題的に取り上げるテーマであるが）人はこの四つの「生活圏」の間でバランスの取れた生き方をすべく**「自己反照的・相互反照的対話」を繰り返すなかで「公共的英知」の中核とも言うべき「協力同心・相互信頼・相互理解・相互支援」の所業、およびそれを裏打ちする「自己供犠・贈与・謝恩・奉仕」の精神を体得・体現**していく。この一連のプロセスは「英知公共人」同士の**「信」の力**によって基底的に支えられる。

⑥こうして「公共生活圏」は「英知公共圏」へ、「国家」は**「英知国家」**へと進展する。そのプロセスにおいて**「国家公共」**の観念が育まれ、そこに自ずから「国のかたち」が成形される。

⑦（なお「第四章」で取り上げるが）「英知公共圏」はその背後にある**「伝統文化圏」**から豊かな生命的活性を備給されることでそこを**「公共文化圏」**へともたらす。そして、さらにその深奥には「宇宙摂理」のハタラク**「霊性的世界」**が無限に拡がっている。それによって「信」の力は補強され、われわれの「公共的英知」は不断に賦活されつづける。

＊男性は概して「組織生活圏」に軸足を置いた生き方を体得すべく強いられ、ないしは自己選択している。そのため「組織生活圏」では男性性原理（それは「機械論パラダイム」…要素還元主義に立脚する）が支配的である。それに対し、女性は生来的にこの四つの「生活圏」の間を巧みにバランスさせながら生きている。そこでは女性性原理（「生命論パラダイム」…自己組織的生成主義に立脚する）が支配的である。そのような生命論的なバランス重視の生成論的あり方はこれからの「国家公共」という生き方を基底的に支えるうえでの理念的かつ実践的基盤となる。「女性が輝く時代」を云々するならその論議の射程

は本来そこまで達していなければならない。

以下でそれぞれの「生活圏」の内実を順に見ていく。

「家族生活圏」

子どもは誕生後、先ずは「＜母―子＞圏」で育てられ、やがて「家族親密圏」の一員となる。次いで祖父母や親戚、場合によって同居人など他者を含めた「親族縁者圏」へと「生活圏」を広げていく。そして「＜父―子＞圏」は人を社会へと開くうえでの象徴的機縁（もちろん母親がその象徴的役割を担うことも当然にあり得る）となる。そのなかで人として**「生きるかたち」**＊の基本を体得していく。＜図2＞参照。

＊本書が言う「生きるかたち」とは、人が生きていくうえで欠かせない精神的（心身的）体制のことを言う。「精神」的なバックボーンあるいは基盤と捉えてもよい。それに対し次に述べる「生きる構え」は日常における具体的（身心的）生活態度のことを言う。実践的な身体振舞いである。「生きるかたち」は「心」の側面に、「生きる構え」は「身」の側面に力点を置く。

図2　「家族生活圏」の構造

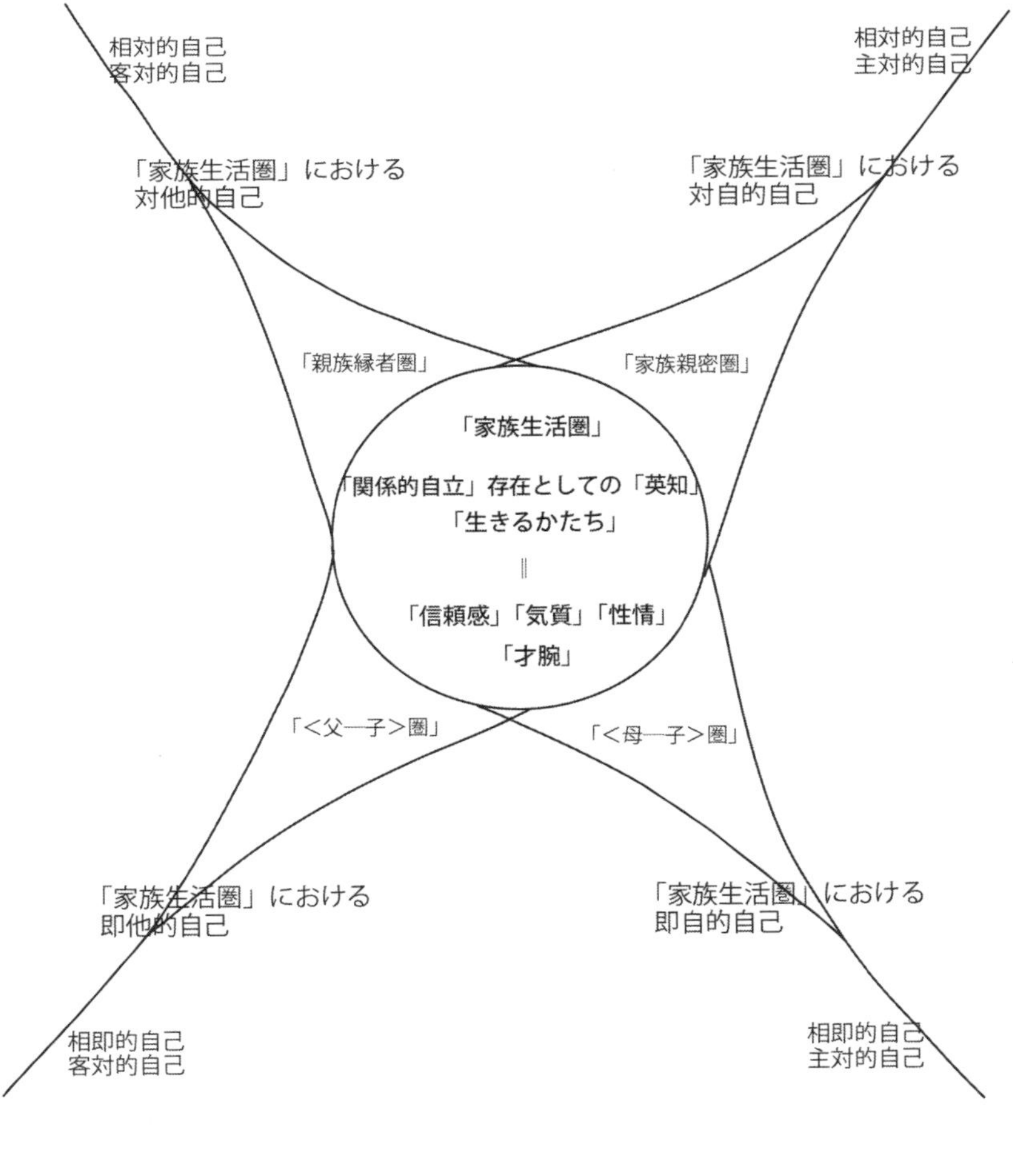

相対的自己
客対的自己
相対的自己
主対的自己
「家族生活圏」における
対他的自己
「家族生活圏」における
対自的自己
「親族縁者圏」
「家族親密圏」
「家族生活圏」
「関係的自立」存在としての「英知」
「生きるかたち」
‖
「信頼感」「気質」「性情」
「才腕」
「<父―子>圏」
「<母―子>圏」
「家族生活圏」における
即他的自己
「家族生活圏」における
即自的自己
相即的自己
客対的自己
相即的自己
主対的自己

嬰児は、母親の眼差し、微笑み、声かけ、肌の触れ合いなど、母親との間で交わされるさまざまな保育・育児の共同体験を通して形成される「**∧母―子∨圏**」のなかで、「関係性」存在であることの安らぎを覚えつつ生育していく。自分が大切に扱われていることの自覚（「悦び」の感情を伴った満足感・充足感）がそこから育つ。こうして人は「自立性」存在としての自己に少しずつ覚醒していく。これが「関係的自立」の原初的な存在体験となる。

「家族生活圏」生成のなかでいちばん大事なのはこの∧母―子∨関係である。近時、家族の崩壊や家庭の喪失などが云々されるが「家族生活圏」を基底的に成り立たせるのはこの∧母―子∨関係のなかで味わう自己充足感であって、その基本図式はどんな時代であっても、どこであっても変わることはない。「**英知公共人」が円満に育つかどうかの決め手はこの嬰児体験にある**と言っても過言ではない。

この嬰児体験をベースにして、幼児期、児童期、少年期へと年齢が進むにつれて子どもの生活空間は「**家族親密圏**」「**親族縁者圏**」へと順次拡張されていく。それに伴って内外からさまざまな異化作用が介入してきて「関係的自立」の存在様態が多様性・複雑性を増していくなかで子どもは重要な他者（たとえば権威的存在者としての「父」）との内的な対話（自己反省）や、自律的調節による情緒と行動の再組織化（姿勢修正）体験を通して、「英知」存在としての基本的あり方を身に着けていく。「**∧父―子∨圏**」はその学習のための象徴的な場である。

こうして子どもは心身両面で「家族生活圏」の形成主体へと成長していくなかで「**生きるかたち**」

の基本を体得していく。**「関係的自立」存在としての「英知」**もそこから創発する。
人は誕生のその時から嬰・幼・児童期を通じて「関係性」に支えられつつ、つまり場の状況変化を自分なりに読み解きつつ、つど事態開鑿的に「自立性」へ向けて一歩を踏み出す。その一歩によって場の状況が変化する。その状況変化に合わせてつど「関係性」と「自立性」の相関を編集し直しながら人は「関係的自立」存在として成育していく。その「関係的自立」存在同士が互いに互いを重合的に相互生成し合うなかで人は覚悟を定めて状況を自己選択していく意志力を鍛え、「生きるかたち」をさらに練成していく。この一連の重合的相互生成プロセスがすなわち〈適応〉ということであり、人が〈成長〉するということの内実である。この「家族生活圏」生成体験（〈適応・成長〉体験）が、人間は必ず理解し合えるはずだという**「信頼感」**や、どんな困難に遭遇してもそれを解決する道はかならず自分で開くことができるし開かねばならぬとする**「気質」**（「覚悟」「気力」など）や、人間にとって最も望まれる積極的な**「性情」**（「気概」「忍耐力」など）を育む苗床となる。それをベースにして、人は他者との協働を自主的に組成したり、状況を読んで最適解を見つける工夫をしたり、率先して状況に身を投じて場に新しい局面を開鑿したり、そこを安寧な場へと整序したり、など「英知公共人」として必須の基礎的**「才腕」**（社会的行動スキルの適応的組織化能力）を身につけていく。そこにおいて人は**「関係的自立」＝「自立的関係」存在へとさらに成熟**する*。

*人が「関係的自立」＝「自立的関係」存在へと成熟するプロセスにおいて、情緒共感的応答性、発達持

続的適応性などが育つ。そこにはいつも・すでに「他者への気遣い」（これを「母性性」と総括しておく）が響応している。「英知」の基底にはこの「**母性性**」がある。「母性性」は「かたより」がちになる制度機構に「やはらぎ」を取り戻す機縁となる。「母性性」（すなわち「情緒共感的応答性」「発達持続的適応性」）の内実をなすのは「**相手を気遣い世話をする能力の範囲が正しく自己調節された支援**」、「**関係性の正常な編成と適切な発達の保証**」、「**自立性の力動的バランス回復のための自己調節能力の賦活**」などである。そこには「それは悦ばしいか」の自問がある。「悦び」とは「いのち」の活性であってそれは「母性性」で充たされている。

「地域生活圏」

「地域」を「都市」に置き換えて「都市生活圏」の存在構造を見たものが∧図３∨である。「都市」は四つの要素で構成される。**パス（通い慣れた道筋）**、**ノード（人が集う場所）**、**エッジ・ランドマーク（行動指標・範域）**、**ディストリクト（生活空間）**である*（ケヴィン・リンチ『都市のイメージ』／岩波書店による）。この四つの構成要素を人は自分なりに自己編集しつつ「地域生活圏（「都市生活圏」）」を生きていく。そのなかで「公共的英知」が育つ。

*「地域生活圏」における「身」のあり方との関連で言うなら、人はパス（通いなれた道筋）で∧「**身**」**の位置取り**∨を学び、ノード（人が集う場所）で∧「**身**」**の処し方**∨を学び、エッジ・ランドマーク（行

図3　「地域生活圏」（「都市生活圏」）の構造

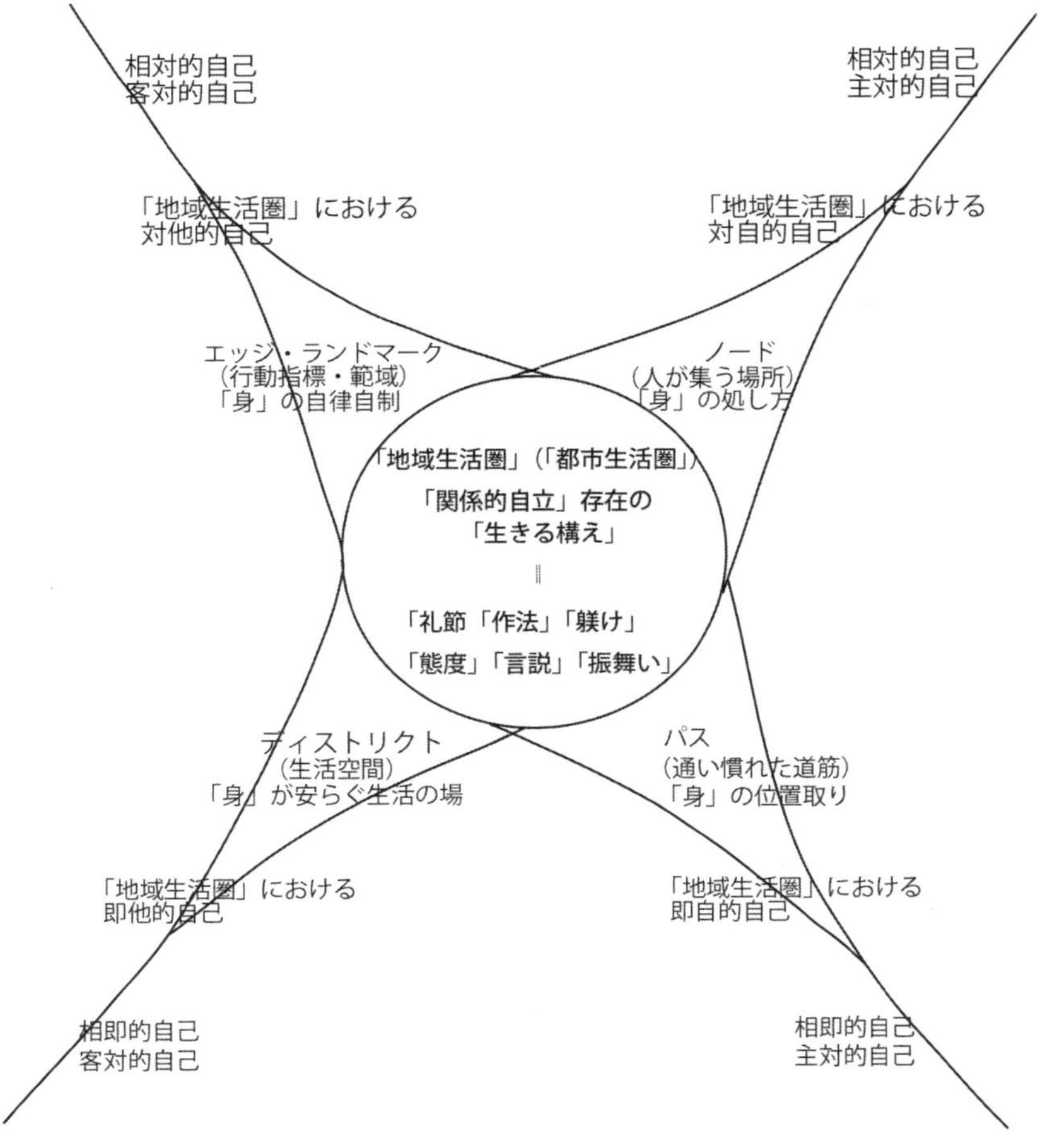

動指標・範域）で**〈「身」の自律自制〉**の仕方を学び、ディストリクト（生活空間）で**〈「身」が安らぐ生活の場〉**のあり方を学ぶ。〈図3〉で〈「関係的自立」存在の「**生きる構え**」〉と表記しているのはこの〈「身」の四様態〉の綜合である。

子どもは成育するにつれてその「生活圏」を「地域生活圏」（「都市生活圏」）へと拡張していく。やがてその圏域は、近隣・コミュニティ、市町村あるいは区や県（道・府・都）、さらには国家へと拡がる。つれて、家族（家庭人）は住民へ、住民は市民へ、市民は国民へと、その存在様態を変容させていく。「家族生活圏」で培われた「気質・性情」などはつれてますますその多様性・厚味を増していく。

「地域生活圏」（「都市生活圏」）にあって人は先ず自分の行動経路を自己開発していく（**パス＝通いなれた道筋を自己編集し「身」の位置取りを決めていく**）。そのなかでより広闊な視野を獲得し、全体構図のなかで自分のとるべき行動準則を正当に認識していき、公正な自己認識力をそのなかで身に着けていく。併せて他律的な介入に対する柔軟な批判精神・抵抗姿勢も養っていく。

次いで、人は他者との濃淡さまざまな接触を自己編集するなかで「英知公共人」としての存在価値を絶えず確認していく行為や、他者との集団的結束を強めるための公的訓練をさまざまに工夫し自己組織していく（**ノード＝人が集う場所で「身」の処し方を学習していく**）。

「地域生活圏」（「都市生活圏」）にあって住民は他と照らし合わせて自らの行動指標・行動範域を客観的に決めていかねばならない（**エッジ・ランドマーク＝行動指標・範域を自己参照しながら「身」**

の自律自制規範を学んでいく）。それはその後の活動に対して自己存続的（修正的・反省的）規準として作用することとなる。（エッジ・ランドマークとは人が行動する際の参照項となる自然地形や人造建築物などを言う）。

自律訓練や役割演技を通して人はやがて自分史的な「生活物語」を自己編集していく（**ディストリクト＝生活空間を画定しそこを「身」が安らぐ生活の場へと編集していく**）。それはたとえば企業が「創業物語」とその系譜をひく「伝説物語」によって企業の中核価値を絶えず肯定的に再確認していくことで、場合によっては犯すかもしれない誤りを事前に防止し修正しているのと同じ働きをする。

こうして「地域生活圏」（「都市生活圏」）での人生体験が進むにつれて、人と人の結びつきは共存・協和という理念的コンテクストへと編集・再編集されていく。そのなかで人は「関係的自立」存在として自らの「**生きる構え**」を定め、「**礼節**」「**作法**」「**躾け**」など一連の自律訓練を自らに施す。「**態度**」「**言説**」「**振舞い**」など役割演技の習得もそこでなされる（場合によってはそれが自己拘束となって、あるいは社会的強制と受け取られて、円満な成長の阻害要因となることもある点には留意を要する）。こうしてそこは「**公共生活圏**」**の円満な形成のための基礎的訓練の場**となる。

この「地域生活圏（「都市生活圏」）での行動パターン学習過程（全体的組織化過程）において人は「関係的自立」＝「自立的関係」存在としてさらに成熟していく。**〈状況に適応しつつ行動の柔軟性・活動性・活発性の全般的水準を引き上げながら計画したり自制したりする自己調節能力〉**がそこを起点に高められていく。また、**〈感受性、応答性、共感性、連続性、持続性への自己統制力〉**もそこで育まれる。

「地域生活圏」（「都市生活圏」）ではさらに利害調整的な操作機序が介入してくる。「自立性」と「関係性」のバランスはとれているか（たとえば、駆動原理ばかりが重視されて制御原理が軽視されていないか）、「関係性」は円滑に組成されているか（たとえば、住民・市民の間で利害対立はないか）、「関係性」は「自立性」の発達にどれほど役立っているか（たとえば、生活環境・教育環境などは適切に整備されているか）、「自立性」の間の境界は適切か（たとえば、住民・市民の諸権利は互いに侵害されることなく十全に保護されているか）、などの自己検証がそれである。それが十分でないとなればそれは適宜に自己修正されねばならない（ただし、それが自己拘束的・社会的強制とならないよう配慮が必要）。「関係性」を状況適応的に再組織化したり、「自立性」を意図的に軌道修正させたり、「関係的自立」＝「自立的関係」の相関を情緒的に調律して「地域生活圏」（「都市生活圏」）にその本来の「親密性」を回復させたり、などするのがその「自己修正」の例である。これらの**基礎的訓練の場と機会**を提供するのが「地域生活圏」（「都市生活圏」）である。この「地域生活圏」（「都市生活圏」）での**「関係性」・「自立性」の相互調停体験が「公共的英知」創発の基礎**となる。

「組織生活圏」

大多数の人間は何らかの組織で（あるいは自ら組織を作って）働いている。独立自営の事業者（フ

図4　「組織生活圏」の構造

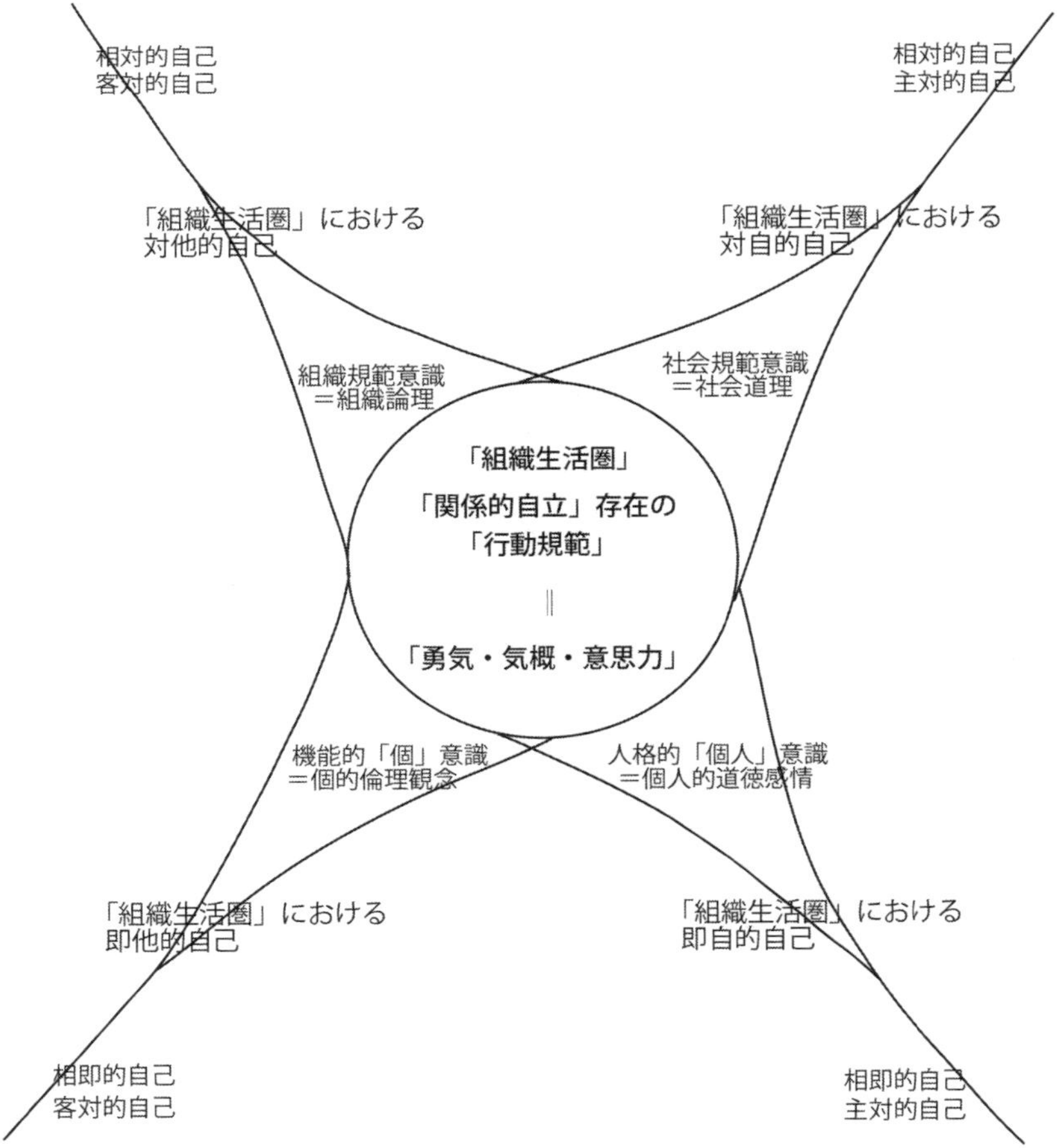
相対的自己
客対的自己
相対的自己
主対的自己
「組織生活圏」における
対他的自己
「組織生活圏」における
対自的自己
組織規範意識
＝組織論理
社会規範意識
＝社会道理
「組織生活圏」
「関係的自立」存在の
「行動規範」
‖
「勇気・気概・意思力」
機能的「個」意識
＝個的倫理観念
人格的「個人」意識
＝個人的道徳感情
「組織生活圏」における
即他的自己
「組織生活圏」における
即自的自己
相即的自己
客対的自己
相即的自己
主対的自己

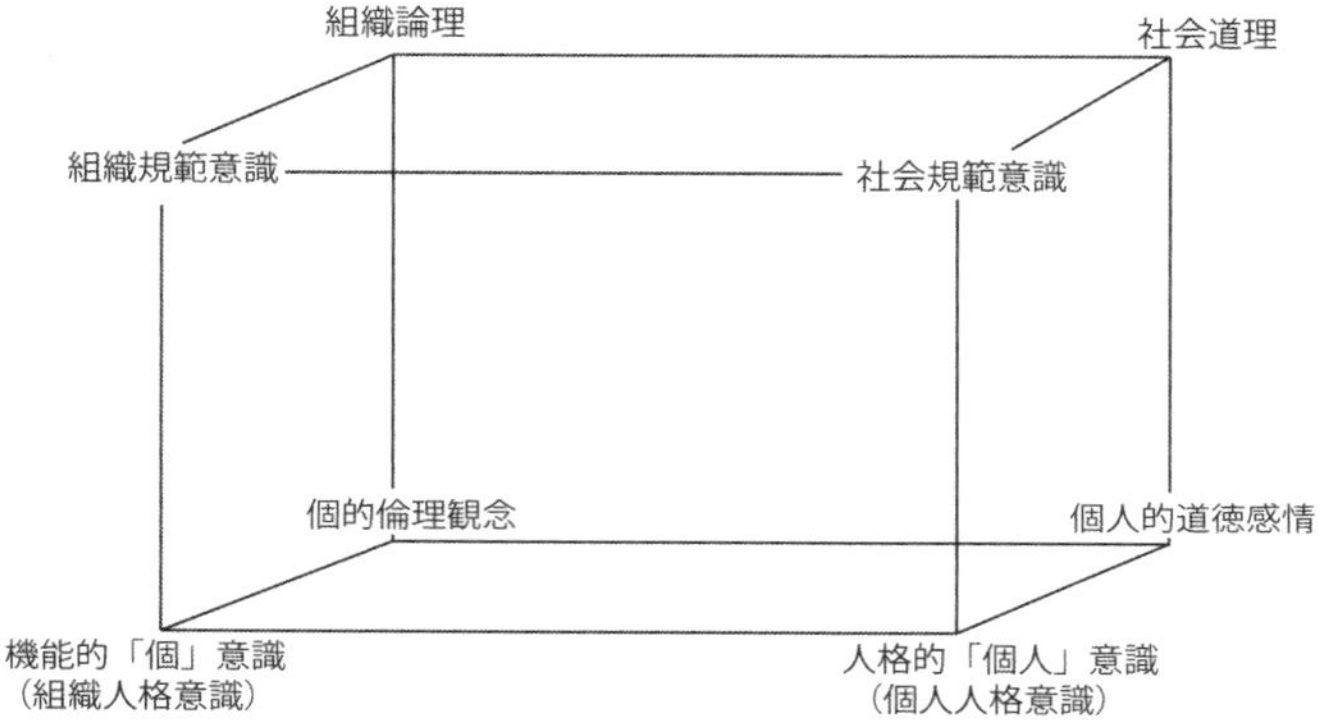

リーランスの働き手も含めて）であってもいろいろな形で他者との間で継続的関係を組織的に維持しながら働いている。これも広い意味で「組織生活圏」の住人である。その（「組織人」としての）意識構造を企業組織（会社など）で働く従業員を念頭において図解すれば〈図４〉のように表示できる。

〈図４〉をわかりやすく構造化して示せば上図のようになる。本図に従って以下説明する。

「組織生活圏」にあって、人は先ず「個人」として自立自存のあり方を身に着け、それを通して「**人格的「個人」意識**（**個人人格意識**）」を育む。そして、それを支えるに「**個人的道徳感情**」を以ってする。次いで、社会の一員として働いていることの自覚から「**社会規範意識**」を育み「**社会道理**」を体得するようになる（図の右側面）。

組織の中で枢要な仕事を任されるようになるにつれて人は「**機能的「個」意識**（**組織人格意識**）」を育む。

そして、それを支えるに「**個的倫理観念**」を以ってする。次いで、組織の一員として働いていることの自覚から「**組織規範意識**」を育み「**組織論理**」を体得するようになる（図の左側面）。

本図の各項は相互生成的に相関し合っている。たとえば、上面の〈組織規範意識—組織論理—社会道理—社会規範意識〉と下面の〈機能的「個」意識—個的倫理観念—個人的道徳感情—人格的「個人」意識〉とは、物事を進めるに当たってそれを駆動する原理となったり、逆に物事の遂行が行き過ぎたり逸脱したりすることのないように見張る制御の原理となったり、つどその役割を交差させながら組織全体が歪んだり暴走したりあるいは停滞することがないよう自己チェックするハタラキをする。その調停・調整のなかで「組織」は「英知公共圏」へと進化発展する。

矛盾対立するものの「間」で安易に妥協点を見出すのが組織経営ではない。その「間」を多様に媒介・調停・調整するなかで組織的「英知」が育まれ、それが組織発展の原動力となるのである。（たとえば、後に詳しく述べる〈「個」～「個人」〉の間の根源的な矛盾葛藤もそこに含まれる）。そのさまざまに矛盾葛藤し合うものの「間」からつど新しい出来事・経験が生じるように、むしろ矛盾する動きをそこに見つけ出したり、ときには対立事象を意識的に介在させたり、そこに意図的にズレを生じさせたり、敢えて互いを差異化させたりすることでそこに新たな活性を蘇らせたりするのが組織経営である。そのための工夫を通して人は「**関係的自立**」**存在としての**「**行動規範**」を体得していき、それが組織的「英知」の内実となり、それによって自らを「**自立的関係**」**存在**へとさらに練成する。「家族生活圏」「地域生活圏」で培われた「気質」「性情」や「作法」「態度」などはここにおいて

「勇気・気概・意思力」へとさらに鍛えられる。

人はこうして「社会人」「組織人」として成熟していき「社会道理」「組織論理」の体現主体、推進主体となるのであるが、そういうなかにあってけっして見失ってはならないのが、自分だけでなく他者（組織内の地位・立場などに関わらず組織成員全員）もまた同じ道理、論理を生きる存在者同士であることの相互確認である（特に組織上位者にはそれが求められる）。この一連の自己訓練を経て「組織生活圏」の成員としての「英知」が全組織的に育まれ、つれて「組織」も「英知」存在となる。

なお、これまではこの「組織生活圏」での主たるプレイヤーは男性とされ女性は（残念ながら）脇役としてしか位置づけられて来なかった。「男女共同参画社会」「女性が輝く時代」とはこれまでのそのような来歴を撥無して**「組織文化」を脱構築的に再編成しようという時代の要請に応える国家プロジェクト**であるべきはずである*。

*これからは〈「個」～「個人」〉統合人格こそが求められる。女性はもともと媒介・調停・調整が交叉反転するその「移る際」にいつも・すでに「身」を持して生きてきた（いまもそうやって生きている）だけにそこから創発する「英知」には長けているはずである。言いかえれば、「関係性」＝「自立性」の肯定的自己同一化を可能にする「関係的自立」存在のモデルとなり得る資質に生来的に恵まれている。因みに大妻女子大学では〈「関係的自立」存在の育成〉を教学の柱に据えている。

「仲間生活圏」

「仲間生活圏」はそれ自体としてはどこにも繋留定点のない浮遊状態にある。そこには権力中枢もなければ圏域全体を求心的（自己組織的）に束ねる中核価値もない。範域それ自体も流動的で未確定である。構成員である「仲間」も基本的に参入退出自由でバラバラのままである。「関係性」は拡散し「自立性」は互いに孤立している。そこには浮遊する全体を何とか秩序へともたらすことができる連結環がどこにあるかを模索している**「関係的自立」＝「自立的関係」存在者同士たることを目指す「仲間」**たちがいるばかりである。その未確定・不安定な圏域を生きて行くには人はそこで改めて「自己」を立て直さねばならない。自らの**「生活規範」**をしっかり打ち立てねばならない。それができてこそ「関係的自立」＝「自立的関係」存在者同士の「仲間生活圏」が立ち上がる。「**和合・共生**」がそこでのキーワードである。そういう意味では**「仲間生活圏」は「公共生活圏」の典型**と見なすことができる*。

*「仲間生活圏」は、他者との関係性を緩やかな「やはらぎ」を以って構成する圏域、自尊・名誉の感情を回復し不当な権力行使に対して抵抗する力を獲得する拠りどころとなる圏域、恐怖などを抱かずに話ができ分かってもらえる圏域、無視されることなく排除されることもない圏域、了解を強要する同化と抑圧の空間に転ずることがないよう配慮される圏域、互いが距離を縮めすぎることなく他者の独自性・異質性・多様性が肯定される圏域、等々である（べきである）。女性は育児・保育・介護ケアなどを通して

生来そのような生活態度を体現した「母性性」存在として歴史を生きてきた。女性にいまいちど焦点を当て直そうという「女性が輝く時代」にはそういう歴史的背景・経緯もある。

「仲間生活圏」成立の機序を図解すれば＜図5＞のようになる。

先ずは、「個人」に関わることとして「**身心の健常**」が、そして「社会」との関わりのなかで「**身だしなみ**」が求められる。次いで、人はより積極的な生き方を求めて、たとえばNPOへの参加や、広くは「**社交**」を通して「仲間生活圏」のいっそうの充実を目指すようになる。究極的には「**仲間貢献**」への主体的参画を「公共生活者」の使命・役割として自ら引き受けるようになる。

問題はこの「仲間生活圏」の存在構造を成員同士でどう自己組織化するかである。そこでは自らが拠って立つ＜生―活動＞世界で自らの「**生活規範**」をどう定立するか、「**関係的自立**」＝「**自立的関係**」**存在同士**としてそれを互いにどう結び合わせるか、調停し合うかがポイントとなる。

「仲間生活圏」は自立共生的和合圏であるからそもそも制度的秩序化機制はそこには内在しない。そこには「**和合**」「**共生**」という生命論的共通価値に基づく**自律的自己編集プログラム**があるのみである。しかし、そこが無秩序空間に陥ることなく一つのまとまりのある「公共秩序圏」であるには成員同士を互いに結び合わせる（和合・共生させる）機縁・契機が何かしらそこになくてはならない。そこで問われるのがこの圏域に固有のリーダーシップである。目的遂行に主眼がある「組織生活圏」でもリーダーシップ（「目的遂行型リーダーシップ」）は重要なモメントであるが、「仲間生活圏」で

図5　「仲間生活圏」の構造

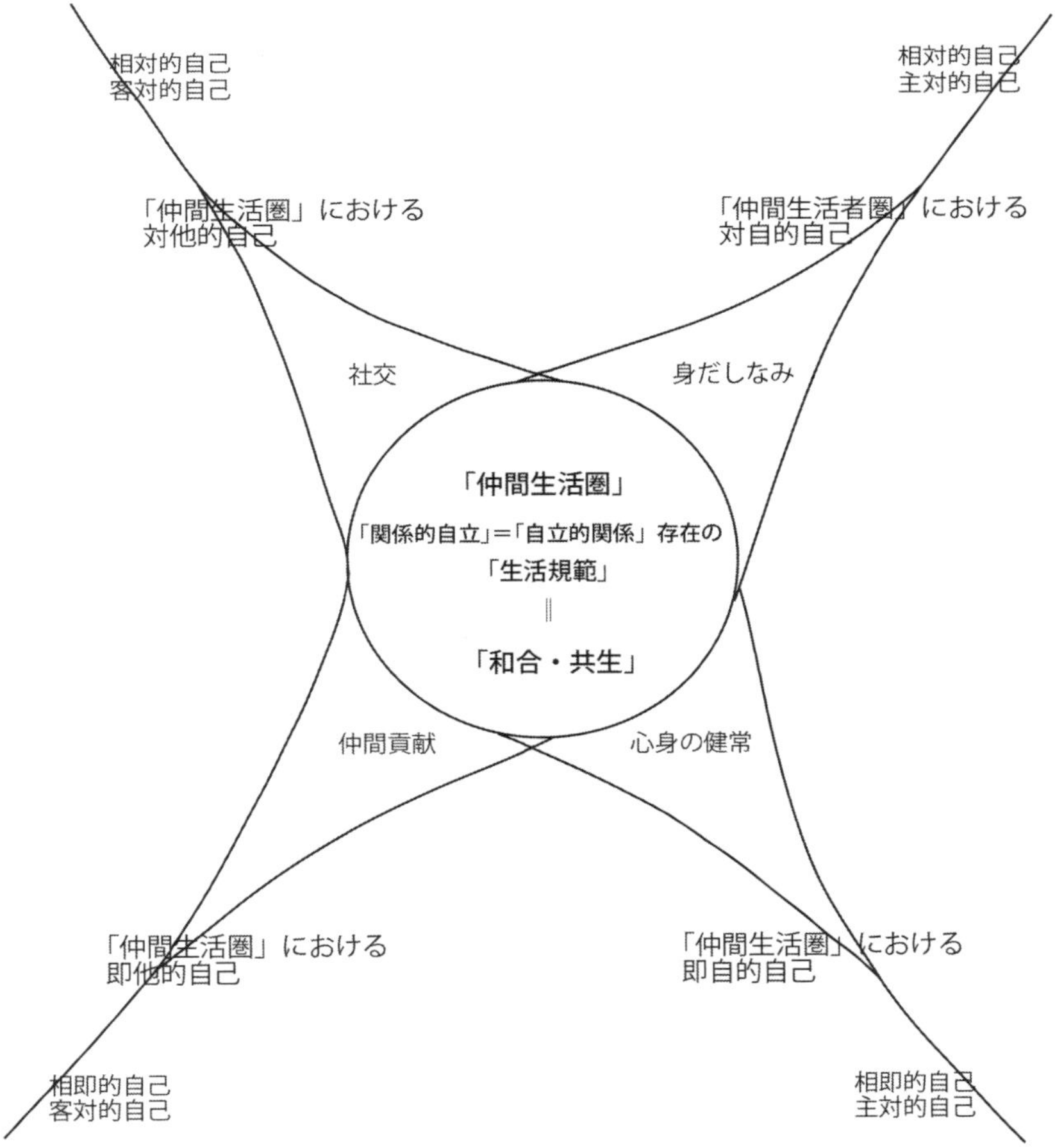
相対的自己
客対的自己
相対的自己
主対的自己
「仲間生活圏」における
対他的自己
「仲間生活者圏」における
対自的自己
社交
身だしなみ
「仲間生活圏」
「関係的自立」＝「自立的関係」存在の
「生活規範」
‖
「和合・共生」
仲間貢献
心身の健常
「仲間生活圏」における
即他的自己
「仲間生活圏」における
即自的自己
相即的自己
客対的自己
相即的自己
主対的自己

そこを秩序づける内的契機となるのは**「和合・共生」のリーダーシップ**である。そして、そのリーダーシップを支えるのはメンバー同士の**自己言及的自律性への鋭敏な感覚**である。

「自己言及的自律性」とは（＜図5＞には記載していないが）すべて物事のなかに伏在している「定義不能性」（同義反復的トートロジーやパラドクス）を**「自覚・決意」「覚悟・志」を定めて截断・裁断する気概・気節**のことである。そのような気概・気節を具えた「和合・共生のリーダー」とは次のようなリーダーである。それは最終決定の権限および権能をわが一身に集中する「権力者」とは対極にあるリーダーである。これは「公共生活圏」のすべてにおいて通用するリーダーシップである。（「第二章」で述べるが、「国家公共」という生き方を体現する「国民」が「国のかたち」成形へ向けて互いに「自己反照的・相互反照的対話」を積み重ねていくプロセスにおいて特に強く求められるのがこの「和合・共生」のリーダーシップである）。

① 自身が直接的に権力を行使しなければならないような状況が出来するのを極力回避し、

② メンバーそれぞれがその立ち位置・役割に応じて適切に意思決定を行い問題解決ができるよう励ましつつ、

③ 委ねた相手がそれに失敗した場合、あるいはそのことに苦労している場合はいつでもそれを援ける「権能」は具えており（スタンバイしており）、

④ 他者のパーフォーマンスについては自身もまた協働・協力する「責任」を負う、しかも同時に、その「権能」は自身をも拘束するものであることを深く自覚している（それが「責任」を負うとい

うことである）、
そういうリーダーである。女性は生来的にこういう「和合共生型リーダーシップ」を身に着けている。その基礎には＜自己言及的自律性への鋭敏な感覚＞を伴った「母性性」がある。

「公共生活圏」

人は各自それぞれに前記四つの「生活圏」の「間」で適宜にバランスをとりながら、また他者のそれとの「間」を自分なりに柔軟に調停しつつ、「公共生活圏」を「英知公共圏」へと編成し、また、「公共生活者」たる自己を「英知公共人」へと練成して行く。その在り様を一覧的にまとめれば＜図6＞（＜図1＞～＜図5＞の合体図）のようになる。

「公共生活者」の日常的自己訓練によって獲得・形成された「生きるかたち」「生きる構え」「行動規範」「生活規範」に支えられて（本図四隅に記載）、「公共生活圏」は「英知公共圏」へ、そして「公共生活者」は「英知公共人」へとそれぞれ拡充・練成されていく（本図中央に記載）。そのプロセスにおいて＜相即的自己＞＜相対的自己＞の「間」は調停され、＜主対的自己＞＜客対的自己＞の「間」も統合される。（本図では省略しているがその背景には「伝統文化圏」が、そのさらに深奥には「霊性的世界」が無限に広がっている）。

図6　「公共生活圏」のまとめ

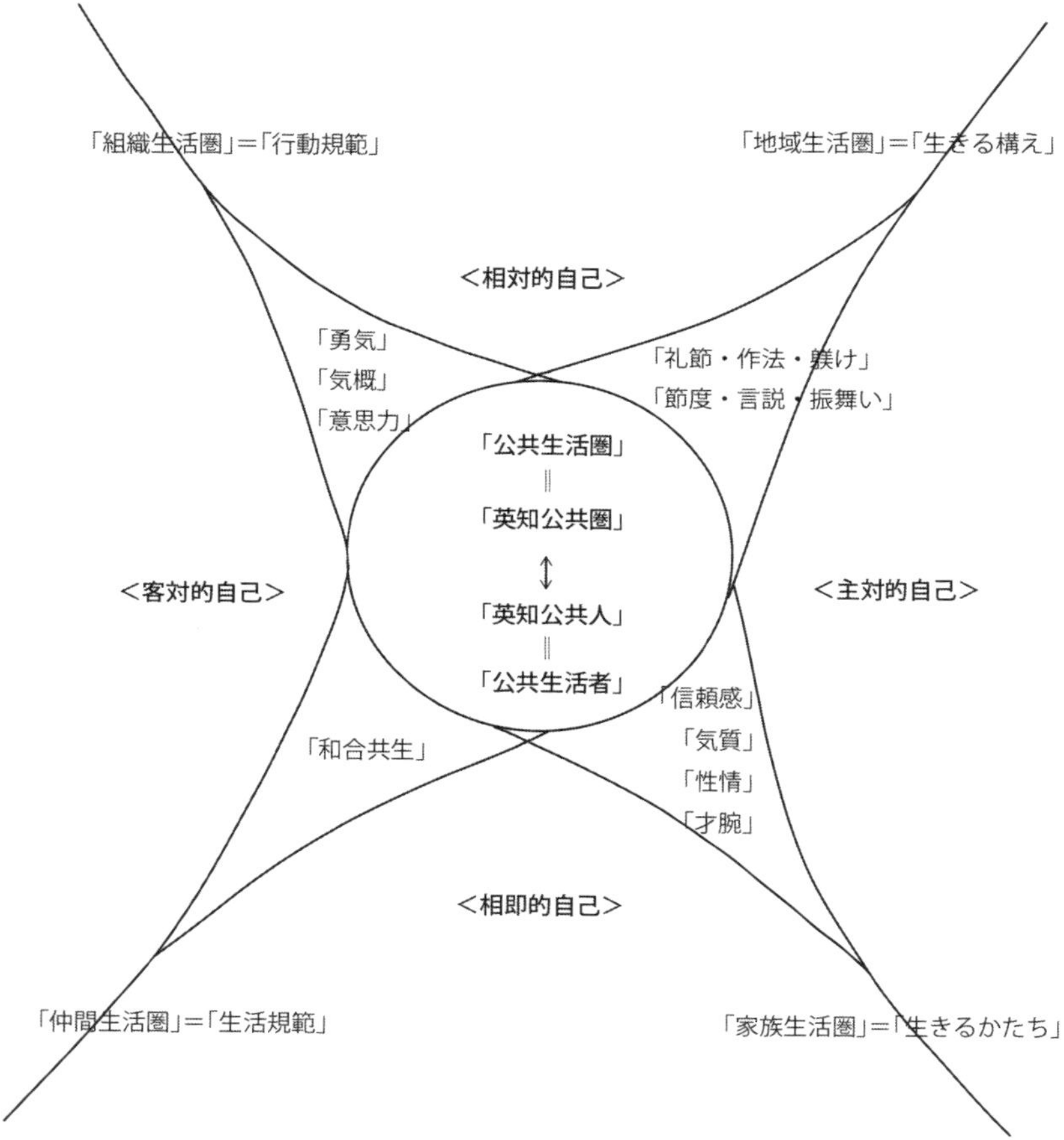

いま、**「公共」「国家公共」とは何か**が改めて問われている。つまり、「英知公共圏」「英知公共人」の拡充・練成のなかで「英知」を一段高次の「公共的英知」へと創発させ、「国家」をして「英知国家」へと進展させ、「公共」を「国家公共」へと成熟させる、その方途如何が問われている。次の「第二章」でその点について見ていく*。

*「第二章」で述べることの先取りとなるが、人はそれぞれの「公共生活圏」を互いに「摺り合わせ」ながら、より拡張された「公共生活圏」（最終的には「国家」）を形成するのであるが、そこへ至る過程において（〈図6〉には表記していないが）成員相互の間で「自己反照的・相互反照的対話」が繰り返され、そのプロセスから「協力同心・相互信頼・相互理解・相互支援」の所業が生まれ、「自己供犠・贈与・謝恩・奉仕」の精神が涵養されていく。すなわち「公共的英知」の創発である。それによって「公共生活圏」は「英知公共圏」へと創成され、成員は「自覚・決意」「覚悟・志」を具えた「而立而存」の自己、すなわち、「英知公共人」へと成熟していく。その進展プロセスにおいて「英知公共人」に期待されるのは、「国家」を「英知国家」へと進展させるべく自らがその推進役割を進んで担うことである。「女性が輝く時代」の「女性」にも当然それが期待される。問題は、そのことについて女性にどれほどの「自覚・決意」「覚悟・志」があるかである。

第二章

「国家公共」という生き方

「公共生活圏」にあって「公共生活者」は〈「公」と「共」〉の間を生きる。「公」は各人が自己生成した倫理道徳規範（「生きるかたち」「生きる構え」「行動規範」「生活規範」に具現化される）によって支えられ、「共」はそれを他者の視線で自己相対化したうえで改めて主体的自己へと投写し直すハタラキによって支えられる。本章ではそれを**「自己反照的・相互反照的対話」**と捉える。そこから**「協力同心」「相互信頼」「相互理解」「相互支援」**の所業が生まれ、**「自己供犠」「贈与」「謝恩」「奉仕」**の精神が涵養され、それによって「公」と「共」の間は各人各様に自己調停されて「公共」へと統合される。こうして**「公共的英知」**が創発し、「公共生活圏」は「英知公共圏」へ、「公共生活者」は**「英知公共人」**へと生成される。つれて「国家」は「英知国家」へと発展し、「英知公共人」たる「国民」は**「国家公共」という生き方**を体得・体現する存在へと成熟する。この全体プロセスを支えるのは**「自覚・決意」「覚悟・志」を具えた「而立而存《じりつじそん》」の自己**である。

先ず、「自己反照的・相互反照的対話」を通して体得・体現される**「協力同心」「相互信頼」「相互理解」「相互支援」の内実**を〈図7〉によって見ていく。

図7 「協力同心」「相互信頼」「相互理解」「相互支援」

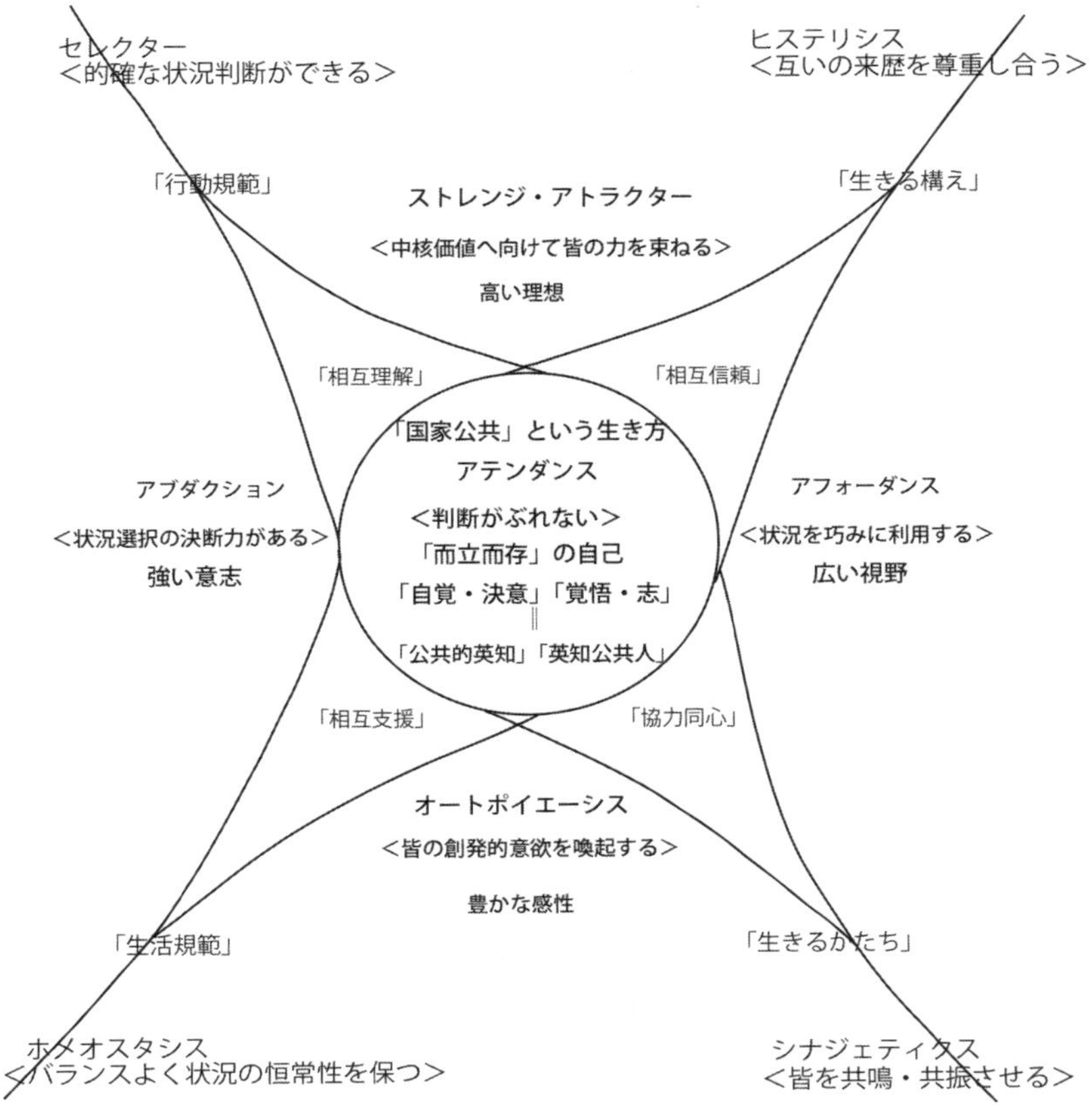

アフォーダンス、アブダクション、アテンダンス、および、ストレンジ・アトラクター、ヒステリシス、セレクター、ならびに、オートポイエーシス、シナジェティクス、ホメオスタシス、の各用語解説については拙著『女性が輝く時代　「働く」とはどういうことか』P37〜を参照願いたい。＜　＞はその要略。

本図に示すように「英知公共圏」において成員各人の「**生きるかたち**」「**生きる構え**」「**行動規範**」「**生活規範**」は「公共的英知」「英知公共人」を支える価値規範として改めて定立し直される（＜図7＞の四隅に配置）。

そこにおいて、

＜皆の創発的意欲を喚起する＞「**豊かな感性**」
＜中核価値へ向けて皆の力を束ねる＞「**高い理想**」
＜状況を巧みに利用する＞「**広い視野**」
＜状況選択の決断力がある＞「**強い意志**」

の四域に支えられて、

＜皆を共鳴・共振させる＞「**協力同心**」
＜互いの来歴を尊重し合う＞「**相互信頼**」
＜的確な状況判断ができる＞「**相互理解**」

＜バランスよく状況の恒常性を保つ＞「**相互支援**」の所業が生まれる。

そして、この全体構図は「**自覚・決意**」「**覚悟・志**」**ある**「**而立而存**」**の自己**、すなわち「**公共的英知**」**を具えた**「**英知公共人**」によって支えられる。

見る通りここにあるのはあくまでも内発的な自律訓練であって他律的な規範化作用（規律訓練）はどこにもない。あるのは「公」の尊重（「関係性」への目配り）を踏まえた「共」の自己練成（「自立性」への配意）である。

では、本来的にバラバラであるはずの各人各別の自律自生的価値規範が「公共」へと束ねられる機序は何なのか、＜図7＞では省略している（この後で詳しく説明する）がそれは「**国家公共**」**観念**の共有、および、そこへと到る「**自己反照的・相互反照的対話**」、そして、そのプロセスにおいて体得される「**自己供犠・贈与・謝恩・奉仕**」**の精神**（それが「協力同心・相互信頼・相互理解・相互支援」の所業を背後で支える）である。その根底には互いに相手の立場を尊重し合い相互の結束をより確かなものにする「**信**」**の力**がある。以下順にその内実を見ていく。

なお付言すれば、そのさらに深奥には「**霊性的自覚**」（鈴木大拙）があるが、この点については「第四章」で取り上げることとする。

「国家公共」とは

「国民」それぞれが拠って立つ**「公共」の理念を「国家」レベルにおいて敷衍、確保、保証する国家・国民的営為が「国家公共」の内実**をなす。つまり「国家公共」とは、「国民」各人が「公共生活者」(「公共」理念の体現主体)として各世代に亘ってより十全に生きて行くことができるよう**「公共生活圏」**(前掲〈図6〉の全域)**をフィールド整備する国家・国民的レベルでの不断の「自己調停努力」**のことである。(「国民」の間に存在する目先の利害を単に調整するのが「国家公共」ではない。そこには後生世代間も含めての調整も含まれる)。

「国家公共」はそれ自体が矛盾を内包した概念である。「国家」は共通の価値規範によって統治される「共同体」でありそこでは強権的作用が働くのはある程度は当然のことと予定されている。したがってそこは権力行使的に〈閉じられた圏域〉と一般的には見なされる。他方、「公共」は複数の価値や意見が統合的に相互調停されることで生成される〈開かれた圏域〉である。したがってそこには他律的な支配・被支配の関係はあり得ない。では、このように基本的には〈「国家」~「公共」〉という非対称関係にあるものを一つに結び合わせて「国家公共」という統合観念を自生成立させる機序は何か。それは、国民各人が**「自己反照的・相互反照的対話」を繰り返すなかで「自己供犠・贈与・謝恩・奉仕」の精神**(「協力同心・相互信頼・相互理解・相互支援」の所業を裏打ちする)を自己啓発させ、それによって自らの「生きるかたち」「生きる構え」「行動規範」「生活規範」を闡明することしかない。すなわち「公共的英知」の創発、「英知公共人」の誕生である。

しかしそこには自己言及的トートロジーがある（「国家公共」を成り立たせるのは「公共的英知」であり、「公共的英知」を創発させるのは「国家公共」観念によってであるという同義反復的トートロジー）。「英知公共人」とはそのトートロジーに耐え得る人のことである。そこに現出するのが（また、期待されるのが）、他からのイデオロギー的操作などにいっさい惑わされることなく、また、権力行使的操作介入に対しては断固としてノーを突きつけることのできる強靭な**「而立而存」の自己**である。「而立而存」とは人生に一貫性を与える「意味の枠組」の中に自己をイメージ的にも実践的にも堅く定位しつづけることである。その「意味の枠組」こそが「生きるかたち」「生きる構え」「行動規範」「生活規範」である。「自己供犠・贈与・謝恩・奉仕」の精神に支えられた「協力同心・相互信頼・相互理解・相互支援」の所業、すなわち「公共的英知」に裏打ちされた「英知公共人」の生き方がそれである。その「英知公共人」同士が互いに**「信」の力**によって結ばれ合ったときはじめて「国家公共」の観念が「英知公共圏」の中核的価値規範として定立されることとなる*。

*〈「公」＝「個」〉のハタラキだけではそこに支配・被支配の関係が生まれかねず〈「共」＝「個人」〉のハタラキもそのままでは互いに凭れ合うばかりになりかねないのと同じように、「国家」に重心がかかり過ぎればそこは「権力空間」へと閉ざされ、「公共」に軸足を傾けすぎればそこは「無統制空間」へと開かれてしまいかねない。この矛盾対立が統合（絶対矛盾的自己同一…西田幾多郎）されてはじめてそこに「国家公共」空間が拔かれ、そこにおいて成員各人は統握されて一国の「国民」となる。

問題はそれを私的意識面においてだけでなく国家制度面でどう保証するかである。それには「国家統治」「国民統合」が権力機構としての「国家装置」へと偏倚することのないよう、また、特定の利権集団や勢力が「国家統治」「国民統合」の名において「国家権力」を私物化したり自己保身のためにそれに阿たりすることがないよう、そこにはしっかりした制御システム（「権力装置」を「国家公共」へと指向弓を向けかえさせる制御システム）がビルトインされていなければならない。つまり、強権（権力的統制）に拠らずに、また、「神」のような（わが国の例で言うならかつての「国家神道」に基づく「国体論」のような）超越的価値規範をそこに持ち込むことなく、自生的・自主的・自律的に機能する「自己制御機序」である。それには、ということは「国家公共」観念の定立には、**「自己反照的・相互反照的対話」をシステム的に保証**することしかない。それによって「国民」は「国家」へと自ずから統摂される。そこでは「国家統治」は「国民」同士の「自己自治」へ、「国民統合」は「国民連帯」へと指向弓の転換がなされる。

「自己反照的・相互反照的対話」

そもそも「公共」において求められるのは、国民それぞれが自身を「身体のゼロポイント」「無の場所」に置くこと、すなわち「私心を去る」ことである。そして、その無私なる「公」的自己がそれぞれ多様性を把持したまま「共」に生きる場を「共有」し合うことである。

そこ（「公共」の成立）に到るには、人は厳しい**自己反照的自己内対話**を繰り返すなかで「自立性」を獲得せねばならぬ。すなわち、「私心を去る」ことで強靭な自立性自己を確立するのである。同時に「共」に生きることで他者との間で**相互反照的対話**を通して「関係性」を生成せねばならぬ。すなわち、「相互の立場を保証し合う」ことのできる広闊柔軟な心性を養うのである。

すなわち**「国家公共」を生きるとは、この「自己反照的・相互反照的対話」を通して互いが「関係的自立＝自立的関係」存在へと自らを不断に自己彫琢・自己造形する人間的営為**のことである＊。

＊「自己反照的・相互反照的対話」については村上泰亮氏の「解釈学的反省」（『反古典の政治経済学（下）』が参考になる。ここでは、それを基にしての坂本多加雄氏の解説を参照する（『天皇論』の「終章　再び相互理解について」）。表現は一部変えてあるが、要旨は次の通り。

「いくつかの単位が互いに緩やかに関係し合っているような多元的な場で」、「個々の「反省的自我」が「反省前の自我」を離れるのではなく、常に、「反省前の自我」に呼び戻され、その結果、反省前の世界と反省後の世界とが、それぞれの自我のなかで重ね合わされる」（「自己反照的自我」）。その結果、「反省後の自我の世界は、それだけ豊かな開けた世界となる」。すなわち、「相手方の価値観や認識の形成の過程や判断の論理を内面的に理解」することに努めるなかで、互いは「真に内在的な理解を可能にする」（「相互反照的自我」）。それは、「あたかも劇において、演者の演技はそれ自体で完結していながら、演劇全体の進行のうえで、新たな意味を与えられ、いずれも不可欠の要素をなして、全体の展開に寄与しているのと同じである」（自己反照的・相互反照的自我）。

これはまさに「関係的自立＝自立的関係」存在の在り方そのものであり、そこには不断の自己彫琢・自己造形の人間的営為がある。

「公」と「共」、「関係性」と「自立性」の相互生成作用のなかで「英知公共圏」が生成される。そこでは「自己反照的・相互反照的対話」プロセス（自己言及的無限循環過程）が反復される。しかし、そこが「秩序圏」であるためにはその自己言及的無限循環過程はどこかで截断、あるいは境界づけ、ないしは水路づけ（構造化）される必要がある。それには各「英知公共人」（「而立而存」の自己）の「生きるかたち」「生きる構え」「行動規範」「生活規範」の自己選択を基底的に支える「自覚・決意」「覚悟・志」しかない。すなわち、「自覚・決意」「覚悟・志」をもってする独自進路・存在様態の自己選択（絶対肯定的自己同一化）である。その「自覚・決意」「覚悟・志」は他者との相関のなかで、成員各人の自己練成プロセス（「自己反照的・相互反照的対話」プロセス）を経て全人格的（歴史文化的）に相互生成され体得されるのであって、規律訓練的に習得される（他律的・教範的に強いられる）ものではない。その予期的自律訓練の中で「而立而存」の自己に支えられて「公共的英知」が結晶化するのである。「公共生活圏」「英知公共圏」を秩序づける機序としてはこの「公共的英知」によるしかない**。

**「公共的英知」とは、「自己反照的・相互反照的相互生成作用」、そのなかで体得・体現される「自己供犠・贈与・謝恩・奉仕」の精神（「協力同心・相互信頼・相互理解・相互支援」を支える）、「自覚・決意」「覚悟・志」を以って選び取られた自己生成的・歴史縮約的な「生きるかたち」「生きる構え」「行動規範」「生活規範」、それらの精髄を謂う。

では、その無限循環的に反復される「自己反照的・相互反照的対話」は何によって支えられるのか（そのプロセスが保証されるのか）、それは端的に言って、成員各人が「公～共」〈へ～〉は、「公」と「共」の間の無限接近的共在…西田幾多郎の言う「絶対矛盾的自己同一」）存在同士であることを相互確認し合うことによってである。前記したように、「公」的役割を担う「個」が「私」的人格主体としての「個人」と「共生」する**∧「個」〜「個人」∨統合人格たるべく、それを目指して（ということは何とか∧＝∨等式成立を目指すがいつも・つねに∧「個」≈「個人」∨存在でしかありえない存在同士であることを諒解し合って）それぞれが相互支援し合うこと**によってである*。その「相互支援」にはそれ特有のリーダーシップが求められる（前記した「和合共生」のリーダーシップ）。それによって「而立而存」の自己が練成される。すなわち、∧「個」〜「個人」∨統合人格（を目指す存在）であり続ける「自覚・決意」「覚悟・志」を定めた「英知公共人」の定立である。

*∧「個」〜「個人」存在∨における「個」とは、「公共空間」において「公」の立場で機能的役割を演じる「自己」である。一方「個人」とは、「公共空間」において「共」の立場で人格的人間存在を私的に生きる「自己」である。

　理念的には、人間は男女を問わず「個」なる「自己」と「個人」なる「自己」との間で根源的な矛盾を抱えつつ両「自己」の間を何とかバランスさせながら∧「個」〜「個人」∨統合人格を生きている存在なのであるが、これまでは「個」なる世界を生きる「自己」の方により多くの政治経済的・社会的視線が向けられがちであった。そこには「男性」が主としてその「個」的役割を担う者とされてきたという歴史的背景がある。今日の社会が抱えるさまざまな通弊（たとえば権威主義的人事管理システムや、機械論パラダイムに基く規格統制的組織運営・管理体制など）もそこに根因がある（「個人」人格存在の軽視もその反面的な表れ）。本書はその視線を「個人」の方へも均等に向けさせる（ジェンダー的偏倚を改め「人間性」を回復する）ことで、本来の∧「個」〜「個人」∨統合人格としての「自己」へと視界を広げようとするものである。「個」に偏しがちな「男性」に対し「女性」は「個」と「個人」の間を調停しながら生きてきたし、いまでも大方の「女性」（就中「主婦」「母親」）はそういう生き方をしている。

このように「国民」各自が∧「個」～「個人」∨統合人格（「而立而存」の「自己」）を目指して不断に自己形成に努める存在であるのと同様に、「国家」もまた∧「国家」～「公共」∨統合存在たることを目指して不断に自己形成を怠らぬ存在である（べきである）。つまり、**「国家公共」とは「国家」「国民」挙げての不断の「自己調停的努力体系」**のことなのである＊。

＊「公共生活圏」をフィールド整備する不断の国家・国民的レベルでの「自己調停努力」が「国家公共」である。しかしいま∧「国家」～「公共」∨の間が、低成長の常態化、財政赤字の累積、グローバル化、少子高齢化や地方疲弊、貧富格差の拡大などでいっそう分断されつつある。つれて「国のかたち」も崩されようとしている。それを再編成・再構築するには（かつての「国体論」のようなものがそこに呼び込まれることがないためにも）「国家公共」の観念にさらに一段高次の「価値規範」が付け加えられる必要がある。**「自己供犠・贈与・謝恩・奉仕」の精神**（「協力同心・相互信頼・相互理解・相互支援」を支える）、互いを結び合わせる**「信」の力**、およびその背後でハタラク**「宇宙摂理」「霊性的世界」への信**がそれである。

∧「個」～「個人」∨統合人格の自己形成へと視点を置き替えるに当たって「女性性」が果たす役割が大きいように、∧「国家」～「公共」∨統合の「自己調停的努力体系」においても「女性性」の果たす役割への期待は大きい。（「公共的英知」の内実をなす「自己供犠・贈与・謝恩・奉仕」の精神の源泉には「女性性」「母性性」がある）。

その「国家」「国民」挙げての〈「国家」～「公共」〉調停努力のなかで、「英知公共人」たる「国民」は私的意識面においてだけでなく**国家制度面でも「国家公共」という生き方を保証する存在へと自身を超脱させていく。**そこにおいて「公共生活圏」＝「英知公共圏」、「公共生活者」＝「英知公共人」という〈＝〉等式が真に成立・実現し、それによってはじめて「国家」が「権力装置」化するのを抑止することが可能になる。（「権力装置」を「国家公共」へと指向弓を向けかえさせることができる）。

　こうして「国家」レベルで「国家公共」という生き方が保証されると、それは「自己反照的・相互反照的対話」による自己言及的・相互生成的全体プロセスの自己調律過程の成果として**動態的・開放的コミュニケーション**の心的プロセスそのものとなる。「制度」が規範的システムとして硬直化しがち（全体主義イデオロギーはそこへ附け込む）なのとは対照的に、この**「コミュニケーションプロセス」によって内容充填された「国家公共」という生き方は柔軟性（矯正可能性）・豊穣性（生成発展性）**がその特徴である。そこにおいて**「国家公共」観念それ自体もまた多様性・可塑性・発展性**をその特性として具えることとなる。

　こうして「国家公共」という生き方、およびその観念が豊かな**変容自在性***を具えるようになると、そこでの「英知公共人」それぞれの「生きるかたち」「生きる構え」「行動規範」「生活規範」も自ずからよりいっそう柔軟化し高次化する。「自己反照的・相互反照的」に調律・整序されたときに得られる**自己超脱の昇華体験**がそこにある。次に述べる「自己供犠・贈与・謝恩・奉仕」の精神（「協力同心・相互信頼・相互理解・相互支援」を基底的に支える）はその昇華体験によってもたらされる。その自己超脱の昇華体験を具現した「英知公共人」にしてはじめて「国家公共」を保証するリーダーとなり得る。（「第四章」で述べる「霊性的自覚」に覚醒する契機にもその昇華体験がある）。

*変容自在性にはマイナスの側面もある。各人の自由に任せればそこに自ずから格差社会が生まれてしまうなどの社会分断現象の現出がその例である。「格差」の無際限な拡大は「国家公共」の観念と根本的に矛盾する。そのような分断局面が極端なまで進行することには（全体主義イデオロギーに附け込まれるスキをあたえないためにも）何としても歯止めがかけられねばならない。また、変容自在性があまりにも行き過ぎて「中核価値」が見失われるようなことになると、そこには社会心理面でも新たな分断現象が生じることもあり得る。その一例が、はじめから自らを「国家公共」の周縁ないしはその外部に位置づける者たちの存在である。この者たちをどうやって「自己反照的・相互反照的対話」プロセスへと呼び戻すか、それには基本的には次のようなリーダーシップが求められる。＜既存の文化コードを書き替える者、あるいはそこに意味のズレをもたらし新たな解釈のパースペクティヴを開く者＞として歓待する、あるいは、＜多数者側が過剰なまでに自己同一化を図るのを回避させるための貴重なチェック機能を担う者＞として、言いかえれば、＜閉じがちな内部を外部へ開く回路の役割を担う者＞として積極的に受け入れるのがそれである。それでもなお残るのは「公共空間」それ自体から自身を排除して孤絶を選ぶ者にどう対処するかの問題である。それには、＜どんな者でもけっして見棄てない＞ことを闡明するしかない。＜余計者意識をもつ者＞、＜自己存在に根源的疑問を抱く者＞はいつでもどこにでもいる。大事なのは、そういう＜孤絶を自己選択する者、あるいは周縁や孤絶へと強いられた者＞たちを「危険分子」扱いして「リスク管理の対象者」へと隔離するようなことだけはけっしてあってはならないとい

うことである。そこにおいて求められるのはつねに「母性性」である。「国家公共」観念を根柢で支え、あり得る対立を包越的に統摂し、その間を潤すのはいつも・すでに「母性性」である。

「自己供犠・贈与・謝恩・奉仕」

「自己反照的・相互反照的対話」を繰り返すなかで「自己供犠・贈与・謝恩・奉仕」の精神が生まれる。同時に、「自己供犠・贈与・謝恩・奉仕」の精神に支えられてはじめて「自己反照的・相互反照的対話」は反復可能となる。それによって「協力同心・相互信頼・相互理解・相互支援」の所業は裏打ちされる。その相互生成的反復作用のなかで「公共的英知」が育つ。これを図解（〈図7〉と重ね書き）して示せば〈図8〉のようになる。

「**協力同心**」は無条件に「自己」を他者に差し出す「**自己供犠**」の精神によって支えられ、「生きるかたち」がそれによって定まる。

「**相互信頼**」は見返りを求めない純粋な「**贈与**」の精神によって支えられる。そうでなければ「相互信頼」は「取引」のための方便に堕する。「生きる構え」がそこに構成される。

「**相互理解**」は単なる言葉の上でのやり取りではなく、全身体的なコミュニケーションによる「**謝恩**」の精神によって支えられる。拠るべき「行動規範」がそこに生成される。

図8　「国家公共」と「束ねの原理」「調停の枠組み」

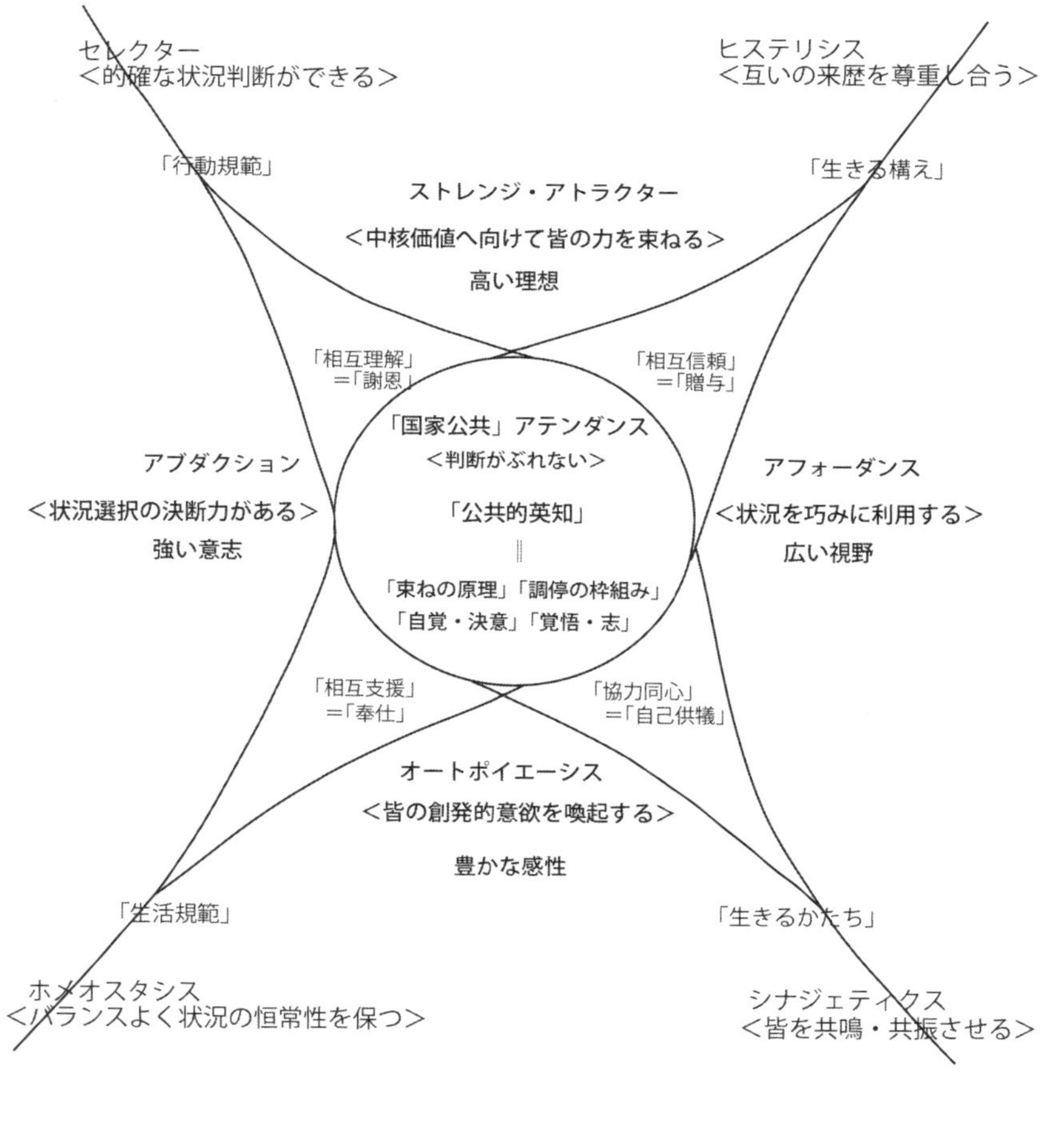

「相互支援」は親しい仲間同士の**「奉仕」**の精神によって支えられる。守るべき「生活規範」がそこに形成される。

これらが綜合されて「公共的英知」の内実をなすのであるが、以下では本図に従って「国家公共」との関連で「公共的英知」創発の機序を見ていくこととする。

国民一人ひとりはそれぞれに自分の**「おもひ」**(「いのち」「こころ」)を大切に、それをより美しく、より十全に**「かたち」**づけたいと願って日々を生き、働いている。その国民の「おもひ」が**「統摂」されて「国家公共」へと「束ね」られる。**「統摂」「束ね」とは、「おもひ」を同じくする国民同士がその「おもひ」をそれぞれに「かたち」づけるのを互いに受け入れつつ**「調停」し合う**ことである。**「調停」とは、それぞれの「かたち」を「国家公共」へと「統摂」し「束ね」る「枠組み」を定める**ことである。前から繰り返し述べているように、上からの、あるいは外からの規範化作用はあり得ないのであるから、あり得る**「束ねの原理」「調停の枠組み」としては自己内発的な自律規範化作用としての「公共的英知」によるしかない。**そうやって「おもひ」が束ねられ、「かたち」が調停されたとき、「協力同心」・「相互信頼」・「相互理解」・「相互支援」=「自己供犠」・「贈与」・「謝恩」・「奉仕」の所業・精神(「おもひ」)は、「生きるかたち」「生きる構え」「行動規範」「生活規範」(「かたち」)へと生成される。こうして、単なる人間集団であったものが「国家公共」へと「統摂」される*。

＊注意を要するのは、「全体主義イデオロギー」が国民を強権的に動員する時に使うロジック（手口）にもこれが通じていることである。すなわち、「協力同心」させるために「自己供犠」（「生きるかたち」）を強要し、「相互信頼」を標榜して一方的な「贈与」（「生きる構え」）を要求し、「相互理解」に名を借りて「謝恩」（「行動規範」）を強制し、「相互支援」を掲げてあたかもそれが「奉仕」（「生活規範」）行動であるかのように錯認させるのである。

このワナに嵌められないためには「而立而存」の自己がそこに盤踞していなくてはならない。「宇宙摂理」のハタラキに共属し随順する者同士であるとの堅い相互「信」頼がそれを支える。（かつての「国体論」はそれをすら「万世一系神話」によって絡め取ろうとしたという事実もまたけっして忘れるわけにはいかない）。

日本人は古来、大小さまざまな集団を形成し、それぞれが分散して生活して来た。曲りなりに「国家」がつくられた古代でもいわばサテライト型の「分散統治」がその基本図式であった。しかしそこに分散集団を抱握的に統合せんとする「権力」が誕生したときその抱握的統合の中核価値として先祖の系譜的一貫性を強調する「神話」が必要とされた。時代は下って中世における「一揆」も分散集団を抱握的に統合せしめる人間力学の一範例であるが、そこでも超越的価値規範としての「大義」が「一揆的結束」の編成原理として必要とされた。さらに時代が下って近世・近代を迎え、諸外国に対し「国威」を保つべく「国民統合」の核が必要とされたときも「国家神道」に基づく祭政教一致の

「国体」イデオロギーが案出された。

「神話」による系譜的一貫性でもなく、「大義」による超越的結束性でもなく、「国体」による国民統合でもなく、**現代において問われるのは「個〜個人」存在を日本的「集団」形成の原基として「国家公共」へとそれを如何に「束ねる」かである。**問われるのは「国家」に回収され尽くされる「個」でもなく、「公共」からはみ出して存在するバラバラの「個人」でもなく、**〈「個」〜「個人〉存在を「国家〜公共」へと「束ねる」ことのできる共通の「価値規範」**は何なのかである。それには**「協力同心＝自己供犠」・「相互信頼＝贈与」・「相互理解＝謝恩」・「相互支援＝奉仕」の〈＝〉等号成立によって「国家＝公共」を目指すべく「国民」の「自覚・決意」「覚悟・志」を促し続ける**ことしかない*。


*いま「国のかたち」が崩れかけている。かつてのような「国家神道」に裏打ちされた「国体」論はいまさらあり得ないのは自明だが、現在にあっても明確な「国のかたち」を打ち出せないことの帰結がこれである**。いまこそ「国のかたち」が再定立されるべきときである。それは「協力同心＝自己供犠」・「相互信頼＝贈与」・「相互理解＝謝恩」・「相互支援＝奉仕」の所業・精神を内実化した〈「国家公共」という生き方〉を「国民」各人・各層がどこまで共有できるかに懸っている。

「国家公共」の観念はいま「国家統治」「国民統合」から「自己自治」「国民連帯」へとシフトしてきているが、さしあたっては、**「自己自治」は「自己供犠・贈与・謝恩・奉仕」の精神によって、「国民連帯」は「協力同心・相互信頼・相互理解・相互支援」の所業によって裏打ちされる（内実が与えられる）**こととなるだろう。

**「国のかたち」という「全体性・統一性」への内属感を保証するものが見失われるとき、人はその喪失感を補償するため身丈に合った「共同性」「統合性」を仮構し捏造しようとする。「わが社」「わが省庁」「わがお友達」、「わが家」、「わが身」……いくらでもそれは矮小化する。あるいは想念ばかりを膨らませて「わが祖国」「わが民族」……などへと自己肥大化したりもする。いずれにせよ、それによって「国のかたち」はさらに歪められていく。場合によっては「仮想的な異界」を幻視してそこに自己同一化を図ろうとするカルト集団のごときものもそこから生まれて来ないともかぎらない。そうならないためにいま求められるのはその「全体性・統一性」を皆が納得できる「かたち」で提示することである。

「全体性・統一性」の在り様とは**「束ねの原理」「調停の枠組み」**を定める「盟約」のことである。その「盟約」の大綱を定めるのが『憲法』である。わが国の『憲法』はその「前文」の結語に当たる部分で「政治道徳の法則は、普遍的なものであり、この法則に従うことは、自国の主権を維持し、他国と対等の関係に立とうとする各国の責務であると信する」と謳っている。冒頭部分では「国政」がもたらす「その福利は国民がこれを享受する」とされ、中心をなす部分では「われらは、平和を維持し、専制と隷従、圧迫と偏狭を地上から永遠に除去しようと努めている国際社会において、名誉ある地位を占めたいと思ふ」と宣明している。

「普遍的な法則に従」い、「自国の主権を維持し、他国と対等の関係に立」ち、「国際社会において、名誉ある地位を占め」、「その福利は国民が享受する」は、要約すれば、さきの天皇の「おことば」にある**「国民の安寧と幸せ」**という簡潔な一語に尽きる。ではそれを実現可能にするにはどうすればよいか。「国民の安寧と幸せ」はただ待っていて与えられるものではない。『憲法』前文にある通り**国民一人ひとりが「自覚」「決意」を以って「確保」「享受」すべきもの**である。その**「自覚・決意」「確保・享受」を保証するのが「国家公共」である。「国家公共」を問うことは「国のかたち」を問うことと等価であり、「国**

のかたち」を支えるのは「国民」一人ひとりの「生きるかたち」「生きる構え」「行動規範」「生活規範」（自己供犠・贈与・謝恩・奉仕）＝「協力同心・相互信頼・相互理解・相互支援」の精神・所業がその内実をなす）である。そのためには「自己反照的・相互反照的対話」が欠かせない＊＊＊。

＊＊＊『憲法』の掲げる「政治道徳の法則」なるものの中身を問おうとするならさまざまな論議（反復的対話プロセス）があり得るが本書はそこには立ち入らない。本書が問うのは「国民の安寧と幸せ」を実現するため「国民」各人にはどのような「生きるかたち」「生きる構え」「行動規範」「生活規範」が求められるか、それを受けて「国のかたち」は如何に成形されるべきかである。

そこにおいて最も肝要なのが「私」を去った「而立而存」の自己による「自己反照的・相互反照的対話」、そこから生まれる純粋な「自己供犠・贈与・謝恩・奉仕」＝「協力同心・相互信頼・相互理解・相互支援」の精神・所業である。しかしこれは国民各自の裁量に委ねられる事柄であるだけに、ときにその結果として前記したようにたとえば「貧富の格差拡大」という「社会の分断現象」が結果してしまうこともそこには起こり得る。これに対して国は「ベーシックインカムの保証」などさまざまな政策介入を行うであろうが、そのような政策論議は暫く措くとして、基本的にはバラバラの国民相互間を一つに溶け合わせる「媒溶液」のごとき「媒質」がそこになくてはならない。「万世一系神話」や「単一民族神話」に拠らずにそれを求めるなら、〈「霊性的自覚」「日本的霊性」（鈴木大拙）によって覚知される「宇宙摂理」（「霊性的世界」）のハタラキへの信〉、それしかない。それが「束ねの原理」「調停の枠組み」の背後で作動してはじめて「国家公共」にもさらなる奥行きが与えられる。

「第四章」で述べることの先取りとなるが「霊性的自覚」「日本的霊性」「宇宙摂理」のハタラキを「束ねの原理」「調停の枠組み」との関連を念頭に置きながら補足説明するなら次のようになる。

生きとし生けるもの、あるいは無生物ですら、現にこの世にあるものはすべてビッグバン１３８億年の「宇宙摂理」のハタラキのうちにある。われわれのいまのこの「いのち」もその「宇宙摂理」の微分的ハタラキ以外の何ものでもない。それが積分的に一つに「束ね」られ相互「調停」されるのには互いが「宇宙生命」の分有体同士であることの共通認識がそこにあればこそである。「霊性的自覚」「日本的霊性」によるその共通理解が「媒質」となってはじめて本来バラバラの「国民」同士は「国のかたち」へと一つに「束ね」られ相互に「調停」されるのである。そこには上からの、あるいは外からの権力行使的規範化作用はいっさいない。自生自律の自己組織化作用があるばかりである。

敢えて付言するが、「霊性的自覚」「日本的霊性」すらも「全体主義イデオロギー」や「ファナティックな国粋主義」によって簒奪《さんだつ》される危険があることには重々注意を要する。われわれの言う「霊性的自覚」「日本的霊性」は人為的（イデオロギー的）操作などが介入する余地など微塵もない「宇宙摂理」のハタラキ（宇宙物理学的原理の探究を目指す学的ハタラキも含めて）そのものである。

「信」の力

「自己反照的・相互反照的対話」、「協力同心＝自己供犠」・「相互信頼＝贈与」・「相互理解＝謝恩」・「相互支援＝奉仕」の背後には**「民心」の合意・納得を糾合する「信」**がある。国民大衆の「信」の力こそが「束ねの原理」「調停の枠組み」の中核をなす。

「信」とは、間主観的（間身体的）な「決断の飛躍」である。それは「理論理性」ではなく「実践理性」に属する事柄である。**「信」の源泉は、「自覚・決意」「覚悟・志」を定めて自らの「而立而存」**

（**「生きるかたち」「生きる構え」「行動規範」「生活規範」の闡明**）**を吾身に引き受けていささかもたじろがないこと**である。「信」は自己超脱の力を具えている。「信」は「民の康福」、「自己反照的・相互反照的対話」、「協力同心＝自己供犠」・「相互信頼＝贈与」・「相互理解＝謝恩」・「相互支援＝奉仕」へと自らを「貢献」（「献身」）せしめる者同士の「信」である。それは突き詰めれば「宇宙摂理のハタラキ」への「信」である。そこには、人為的に操作可能な「知」や「理」はつねに部分的で「かたより」のある不完全なものでしかないという世界認識がある。「信」によってそこに人間的「やはらぎ」の世界が広がる。**「国のかたち」はその「やはらぎ」ある「信」の力によって異質性・多様性・生成性を受け容れる包容力・包越力を具える**こととなる。「関係的自立」存在を「自立的関係」存在へ結びつけるのも、「公」なる者同士（「個」存在同士）として相手を承認しつつ「共」の世界（「個人」存在の集合体）を共創する「公共」の観念が育つのも、したがって＜「個」〜「個人」＞統合人格が成立するのも、したがって＜「国家」〜「公共」＞を「国家＝公共」へともたらすのも、すべてこの「信」の力によってである。矛盾対立するものが調停可能なのは「信」がもたらすその内包力・包越力によってである*。

*太古、たとえば『日本書紀』に見るように、暴力（戦闘）によるものであれ平和（婚姻）によるものであれ、「神」の序列化・秩序化によって「くに」という「かたち」が形成されたのもこの「信」の力による。「霊性的自覚」の共振体験＝「日本的霊性」のハタラキがその背後にある。そこには自らの特異性・偶有性を普遍化・絶対化しようとする一神教的志向性はない**。そこでは「天皇」が「神」なのでもな

く、「神」が「天皇」になったのでもない。「天皇」はあくまでも「人界」と「霊界」（宇宙摂理のハタラク世界＝「霊性的自覚」のハタラク世界＝「日本的霊性」のハタラク世界）を繋ぐ媒介者（「ミコトモチ」）としてあられるのである（折口信夫）。民の「信」がそれを支えた。

＊＊われわれは「個（部分）は非確定であって（相互否定的に相互混淆・混融し合っていて）、しかも全体（普遍）を分有し合っている（「個人」はそこに内属し合っている）」と見る。そこには一神教的な「絶対」の観念はない。そこでは「国民」は「宇宙摂理」のハタラキに媒介されて一つとなる。そして、その「一つ」なるものの象徴が天皇である＊＊＊。

＊＊＊「国体」論にあって「万世一系」が担った系統的一貫性を担保する役割を代わって担うのが国民各人が共有する「霊性的自覚」（「宇宙摂理」のハタラキへの共属意識、「日本的霊性」のハタラキの共振体験）である。そのとき、「国民統合」の象徴であられる天皇は、∧「国家公共」の象徴＝「自己供犠・贈与・謝恩・奉仕」「協力同心・相互信頼・相互理解・相互支援」の象徴＝「生きるかたち・生きる構え・行動規範・生活規範」の象徴＝「霊性的自覚」の象徴＝「日本的霊性」のハタラキの象徴＝「宇宙摂理」「宇宙生命」のハタラキの象徴∨となられる。

戦後の「象徴天皇制」に関して津田左右吉は次のように言う（『建国の事情と万世一系の思想』昭和21年『世界』第四号／岩波書店、『古事記及び日本書紀の研究　建国の事情と万世一系の思想』津田左右吉／毎日ワンズ）。

「現代においては、国家の政治は国民自らの責任をもって自らすべきものとせられている。いわゆる民主主義の政治思想がそれである。……国民が国家のすべてを主宰することになれば、皇室はおのずから国民のうちにあって国民と一体であられることになる。具体的にいうと、国民的結合の中心にあり国民的精神の生きた象徴であられるところに、皇室の存在の意義があることになる。そして、国民の内部にあられるが故に皇室は国民とともに永久であり、国民が父祖子孫相承けて無窮に継続すると同じく、その国民とともに万世一系なのである。……現代においては、皇室は国民の皇室であり、天皇は「われらの天皇」であられる、「われらの天皇」はわれらが愛さねばならぬ。国民の皇室は国民がその懐（こころ）に抱くべきである。二千年の歴史を国民とともにせられた皇室を、現代の国家、現代の国民生活に適応する地位に置き、それを美しく、それを安泰にし、そうしてその永久性を確実にするのは、国民自らの愛の力である。国民は皇室を愛する。愛するところにこそ民主主義の徹底した姿がある。国民はいかなることをもなし得る能力を具え、またそれを成し遂げるところに、民主政治の本質があるからである。そうしてまたかくの如く皇室を愛することは、おのずから世界に通ずる人道的精神の大いなる発露である」。

ここにある「国民的結合の中心にあり国民的精神の生きた象徴」は、昭和21年11月3日公布の『憲法』第一条「天皇は、日本国の象徴であり日本国民統合の象徴であって、その地位は、主権の存する日本国民の総意に基く」へと繋がる言辞であるが、日本国民が「父祖子孫相承けて無窮」であるが故に皇室もまた「国民とともに万世一系」だとするところにその独自性がある。国民が「皇室を愛するところにこそ民主主義の徹底した姿」があり、それは「世界に通ずる人道的精神の大いなる発露」であるとするところに津田左右吉の戦後「国体論」の要訣《ようけつ》がある。

いま「国のかたち」が問われている。国民一人ひとりの「生きるかたち」「生きる構え」「行動規範」「生活規範」と「国のかたち」とをどう結びつけるかである。内包力・包越力を具えた「国家公共」の観念、国民相互を繋ぐ「信」の力、「霊性的自覚」がそれを可能にする。ただし、本書はその具体的な結びつけ方を論じるものではない。それにはもう一冊の本が要る。

「国家公共」は、それ自体が前記したように∧「国家」〜「公共」∨間の相互調停的自己同一化という矛盾律を内包した観念である。「国民」もまた∧「個」〜「個人」∨間の矛盾律を内在化した観念である。矛盾律を抱えたもの同士が、「信」の力によって矛盾律を包越する「自己制御機序」を具えた「英知公共人」へと自己超脱を遂げていくなかで「国のかたち」成形が目指されることとなるが、そこにハタラクのが「やはらぎ」のある「束ねの原理」「調停の枠組み」である。（前にも記したように「国家統治」に代えて「自己自治」が、「国民統合」に代わって「国民連帯」が指導理念となりつつある現在であればなおいっそう「やはらぎ」が求められる）。そういう∧つよくてやわらかい「束ねの原理」「調停の枠組み∨が国家レベルでシステム的に保証されたときはじめて「国家公共」は国民各層・各人の「生きるかたち」「生きる構え」「行動規範」「生活規範」に実践的内実を与えることが可能となる*。その実践的内実が「束ね」られ、相互に「調停」されたときそこに「国のかたち」が「やはらぎ」を以って自ずから成形される。

* 「国家公共」の根柢には、累記するように「協力同心＝自己供犠」・「相互信頼＝贈与」・「相互理解＝謝恩」・「相互支援＝奉仕」という「公共的英知」のハタラキがあり、その根底には「信」があり、さらに深奥には「信」を支えるに「宇宙摂理」のハタラキへの信がある。そこは「やまとだましひ」「もののあはれ」の源境である**。それによって人為操作的規範化作用（「機械論パラダイム」による操作的介入、「全体主義イデオロギー」「ファナティックな国粋主義」による権力簒奪）はいっさい撥無《はつむ》され、より根源的な「いのち」「こころ」の次元へと万事は移し替えられる（「生命論パラダイム」へのパラダイムシ

フト）***。

〈「個」〜「個人」〉統合人格の形成も、〈「国家」〜公共」〉・〈「個」「国家」〜「個人」「公共」〉の相互生成的・相互抱握的統合も、その相乗効果としての「国のかたち」成形も、さらには「全体主義イデオロギー」「ファナティックな国粋主義」からの自由も、すべては国民各層・各人の具体的な日常実践の中で実現される。そこには安易な大衆迎合や判断停止による権力への委ねや諂いなどはいささかもあってはならない。その際「国民」各人が心すべき**は、「個」存在としての「自己イメージ」に囚われてそのイメージを勝手に自分の現実と錯認してそれに自己同一化するようなこと、言いかえれば、「仮想的な他者」としてイメージされた「個」存在が現実の自分である「個人」よりもいっそう「本来の自己」であるかのごとく錯認されることがあってはならないということである。つまり、**「個」存在を「他者」として正当に位置づけし、それに対してアイロニカルな、あるいはパラドキシカルな距離を取る「個人」が片方に厳として盤踞《ばんきょ》**していることが大事なのである。それは同時に「個人」へと「個」存在を回収してしまうようなことがあってはならないことも含意する。**「もののあはれ」を深く体現し、「やまとだましひ」を生き抜こうとする「やまとますらを」「やまとをみな」の生き様**がそこにある。

***「宇宙摂理」は、スピノザの言う「無限永遠の実体」のことと解することもできる。「永遠無限の実体」は自らの様態、あるいは変様として、あらゆるものを「自己のうちに産出」するのであるから、そこでは「能産的自然」と「所産的自然」とは一つに統一され、あるのはその「統一された自然」のみということになる（『岩波　哲学・思想事典』参照）。「宇宙摂理」のハタラキも所産・能産を超えて、万象すべてに浸透し、万物すべてを潤す「統一された自然」のハタラキである。「生命論パラダイム」へのパラダ

イムシフトとはその「宇宙摂理」のハタラキに自らを随順せしめることである。その体現主体たることを「自覚・決意」「覚悟・志」も以って吾身に引き受けることである。

要するに、「国家公共」という生き方（その観念）の根柢には**〈「個」「国家」〜「個人」「公共」〉の相互生成的統合による「抱握的全体形象」化をわが一身において引き受ける「国民」の「自覚・決意」「覚悟・志」**がなくてはならない。それによって「いのち・こころ」は「かたち」づけられて「事」となり、「事」は「言」へと言表化（「言辞」化）されることで「公共空間」を豊かな「物語空間」へともたらす。「物語空間」の根柢には多様な「身体空間」（「事」の世界）があり、その「身体空間」の底には「いのち・こころ」の世界が広がっている。**「国家公共」とは究極のところこの「いのち・こころ」の通い合いを「おほやけ」の「言事」・「言辞」（「物語空間」の生成）へと「自覚・決意」「覚悟・志」を以って「かたち」づける「国民」的営為**のことである*。その「自覚・決意」「覚悟・志」を日常的に支えるのが「国民」相互の「信」の力である。そこから「国のかたち」が成形される。

*根源的な「いのち・こころ」の次元は、アンリ・ベルグソンが「社会有機体説」で言うところの「情動的本性」が自己創造的に働く「**感動**」「**愛の力**」の次元と見なすことも可能である。相互依存的・閉鎖的・円環的な「閉じた規範」の世界とは対極にあって、生成しつづける「開かれた生命進化」の世界である。そこにあるのは自然全体と共感する「開かれた魂」であって、人為操作的（あるいは習慣的）に

「閉じられた規範化作用」とは相容れない**。(『道徳と宗教の二つの源泉』アンリ・ベルグソン/ちくま学芸文庫)。

**いま世の中には「父性性の復権」(権力行使への傾斜)を意識的にも無意識的にも目指す勢力が存在する。それは基本的に方向が間違っている。「父性性の復権」は独り歩きして、より強い「父性性」を求めて(あるいはそれを失いまいとして)自己増殖するだけである。これまでの過った歴史を繰り返してはならない。代わって、「宇宙摂理」のハタラキへの信においていささかもたじろぐことのない「英知公共人」がそこにいなくてはならない。「公共的英知」は自ずからにして「いのち・こころ」の「かたち」づけを志向する。「国のかたち」づけもその一環作用である。そこでは「もののあはれ」が「やまとだましひ」へとやわらかく結びつけられる。「公共的英知」を体現する「英知公共人」がそれを担う。

以上述べてきた∧「信」**の体現、「おほやけ」の「言辞」化、「いのち・こころ」の「かたち」づけ**∨**の表徴**(「協力同心・相互信頼・相互理解・相互支援」=「自己供犠・贈与・謝恩・奉仕」の所業・精神、「生きるかたち」「生きる構え」「行動規範」「生活規範」の枠組み)と言えるものをわが国の歴史に探るなら**聖徳太子の**『**憲法十七条**』に行き着く。上来の記述に多少なりとも具体的なイメージを添えるものとして次の《補注》でその概要を見ることとする。

《補注》「国家公共」という「価値規範」――聖徳太子『憲法十七条』に関して――

政・官・財・学を問わずいま各界において、ウソ、インペイ、テヌキ、カイザン、ネツゾウ、ソンタク、アユツイショウなど後を絶たない。

それは現に到来している「高度情報社会」「複雑系社会」に対し人間の心や、物の考え方がついていけていないのもその原因の一つではあるが、より根源的には「国家公共」の「価値規範」が国民の間に深く根付いていない（あるいは見失われてきている）からとも見なしうる。

ではどうすればよいか、いま問われているのは「国家公共」観念の再定立、「英知公共圏」「英知国家」「英知公共人」の再生、新たな「国のかたち」の成形し直しである。つまりは新しい「公共」の学の創成であり、「公共生活圏」をより悦ばしい「公共文化圏」「伝統文化圏」へともたらすための工夫・努力である。突き詰めれば「自己反照的・相互反照的対話」の活性化による「自己供犠・贈与・謝恩・奉仕」＝「協力同心・相互信頼・相互理解・相互支援」の精神・所業の復活である。「生きるかたち」「生きる構え」「行動規範」「生活規範」の定立し直しである。「霊性的自覚」による宇宙生命のハタラキの再賦活化である。

いま、話題になっている「働き方改革」にせよ「女性が輝く時代」にせよ、問題の本質は、単なる労働時間の長短や、管理職中の女性比率の問題などではなく、これまでの社会システムあるいは企業経営・組織運営のあり方、さらには人の「生き方」をどう再編成・再構築・再成形するかの国民的・国家的課題であるべきはずである。問われているのは障害者や高齢者などを含めて総ての人間にとって「生きる」とはどういうことかの問い直しである。「生きて働く場」をいかに人間性豊かに再編成・再開発するかである。そこに「悦びの生–活世界」をどう再構築するかである。その問題領域では誰一人として例外者は存在しない。排除される者は一人もいない。そこには「国家公共」という生き方を真摯に主体的に問いつづける「国民」がいるばかりである。「英知公共圏」の創成に貢献する「英知公共人」の育成如何が問われる局面である（「第三章」へ繋がる）。「いのち」「こころ」の通い合いを「おほやけ」の「言事」・「言辞」へと「かたち」づける（「物語空間」の生成）とはどういう所為のことか。その実践指標（師表）の範例をわれわれは聖徳太子『憲法十七条』に見る。以下では「おほやけ」＝「国家公共」という現代的観点から「英知公共人」のあるべき振舞い（生き方）の概要をそこに読み解いてみる。そこに一貫してあるのは上述来の「信」である。他律的に規範化された「信」念ではない。自ずからなる「やはらぎ（和）」による相互の「信」頼である。

条文の一々を転載するのは煩瑣なので省略のこととし、いくつかのキーワードをもって各条を代表させていただく。（拙著『やまとをみなの女性学』／三和書籍と一部重複するがご宥恕いただきたい）。

1　以和為貴　諧於論事

物事の「間」には矛盾葛藤がある。その「間」が「自己反照的・相互反照的対話」によって調停されてこそそこに諧和がもたらされる。「英知公共人」たる者はその諧和を重んじるだけでなく、進んでそれをもたらすよう調停の努力をせねばならない。したがって「英知公共人」は党派を組んだり群れ合ったりはしない。論じ合うことはあっても、そこには自ずからなる「やはらぎ」がある。「おほやけ」とは、その「やはらぎ」(「和」)のことである。「やはらぎ」(「和」)とは「こころ」の通い合いであり「いのち」の共振である。それを「かたち」へと表出するのが「おほやけ」である。

2　篤敬三宝　能教従之

「英知公共人」は自分のなかに自分なりの倫理・道徳規範をもっているべきである。倫理・道徳規範は暗黙次元、明示次元、形式次元の三次元から成る。「おほやけ」とはこの三次元を通底する規範体系のことである。「英知公共人」はその「おほやけ」の観念をもってよく人を教え導く。そこには「信」の支えがある。「英知公共人」はその「信」をもって則るべき「規範」を説く。

3　承詔必謹　万気得通

物事・人事には自ずからなる階序がある。それには内部からの「いのち」のハタラキと並んで、外からの「かたち」づけもときには必要であるが、その全体をバランスよく統べるのが「英知公共人」

である。そうなればおのずから「こころ」が通い合い、場は「かたち」づけられる。そこに「おほやけ」がある。人間は森羅万象あらゆるものの恩義を受けて〝いま〟を生かされている、その恩義にどう報いるか、それが「おほやけ」の「こころ」である。この宇宙摂理ともいうべき恩義の連鎖に各人が自ら進んで参加することでそこに「こころ」の通じ合った「国のかたち」が生まれる。

4　以礼為本　位次不乱

「英知公共人」にとって大事なのは「謝恩（礼節・節度）」である。特に上位者になるほどそれが求められる。「礼節・節度」があってはじめて階序は保たれ、下もそれに遵う。

ヒトとヒト、ヒトとモノの「間」の「関係性」には基本の「かたち」がある。その「かたち」を踏み外さないことが大事である。そこには互いの「いのち」への「こころ」くばりがある。

5　絶餐棄欲　明弁訴訟

どこでもいつでも紛争の種は尽きない。「英知公共人」は無私の態度で（自身を「身体の零度の場所」に置いて）つねに下の者の立場に立って公正にそれを捌く。「英知公共人」はつねに弱者の理解者である。物言えぬ他者の「こころ」を察し、出来るかぎり手を差し伸べる。自己供犠＝協力同心、贈与＝相互信頼、謝恩＝相互理解、奉仕＝相互支援の精神・所業を以って自ら進んでそれを引き受ける。

6　懲悪勧善　諂詐佞媚

善悪・理非・曲直を正すのが「英知公共人」である。諂《へつら》ったり媚びたりはしない。責任を下の者に押し付けたり、上の者を謗ったりもしない。「英知公共人」は理非曲直を匡《ただ》すことに「こころ」を尽くす。

7　人各有任　賢哲得人

「英知公共人」は人を見る目に狂いがない。人間はつねに成長するものであることを知っており、けっして賢者を見落とすことがない。適材適所、人の任用に過《あやま》つことがない。人にはみな持って生まれた使命・役割がある。それを全うさせるのが「おほやけ」である。

8　早朝晏退　公事靡監

「英知公共人」は率先してよく働く。仕事の積み残しや先送りをしない。整斉として業務に乱れがない。大事なのは「国のかたち」である。「英知公共人」にとって「仕事」は「おほやけ」である。

9　信是義本　毎事有信

相互の信頼関係がすべての基本である。「英知公共人」は「信」を他者の「こころ」に置く。そこは深い愛、感謝の心に充たされている。生活の意味や役割はすべてそこに収斂する。それが「英知公共人」の「いのち」の営みである。

10　**絶忿棄瞋　還恐我失**

「英知公共人」の「こころ」はつねに平寧である。自己を相対化しすべての人を平等対等に見ることができる。人と賢愚を競うようなこともしない。深い「こころ」をもって、つねにあるべき「かたち」を彫琢《ちょうたく》しつづける。

11　**明察功過　賞罰必当**

「英知公共人」は他者の功績・過誤を見逃さない。その「いのち」の輝きを援ける。公正・公平で「信賞必罰」に過つことがない。それは「英知公共人」たる者の日常の「こころ」がけである。虚栄や虚飾に足を踏み入れることなく、毀誉褒貶《きよほうへん》に囚われることなく、「国のかたち」のより完からんことを願って「こころ」を尽くす。

12　**勿斂百姓　国非二君**

「英知公共人」は配下の者あるいは弱者に対して妄《みだ》りに権力を揮うようなことはけっしてしない。権力の拠ってくる由縁は下から寄せられる信頼であることをよく知っている。人材は「おほやけ」のものであることをよく「こころ」に弁えている。

13　同知職掌　和如會識

「英知公共人」は何事にも主体的責任感をもって取り組む。「それは私には関係ない」などとはけっして言わない。他者の仕事にもよく通じた円満具足の「こころ」の人である。「仕事」は「おほやけ」のうちにあって、みな恩義の連鎖で繋がっている。

14　無有嫉妬　智勝才優

「英知公共人」は嫉妬とは無縁である。ひと・われともに才智を尊び悦ぶことにおいて「こころ」は一つである。エリート主義的自己肥大に陥ることもなく、どんな時・場合でも平静広闊《へいせいこうかつ》な「こころ」を失うことはない。一途に仕事に打ち込んで「おほやけ」を生きる。心に一点の疚しさもなく自らの信念を貫いて生きて行く。

15　背私向公　上下和諧

「英知公共人」には私心がない。けっして他を恨（憾）んだりしない。制法を守ってつねに公正無私の「こころ」を持する。何よりも「おほやけ」の諧和を重んじる。「私」はあるがそれは自己超越の努力によって「おほやけ」へと包越されている。そこには「もののあはれ」の愛憐がある。「やまとだましひ」の心根がある。そこは「いのち」の諧和世界である。

16　使民以時　古之良典

「英知公共人」はよく時節を弁《わきま》え、物事を処理するに時宜を心得ている。効率的に仕事をするには、ヒト・モノ・カネに加えて時間という資源の有効配分が欠かせない。「英知公共人」はその資源配分に当たって何よりも「おほやけ」を優先する。しかも成員メンバー各人の「いのち」「こころ」への配慮を怠らない。

17　不可独断　与衆相弁

「英知公共人」は独断専行しない。重要な事案ほどよく他の意見を聴く。物事はすべて繋がっている。全体調和の中で物事は推移する。したがって物事を処理するには、その繋がりや調和への配慮、他との緊密なコミュニケーション、周到な洞察力が求められる。「おほやけ」はそれに尽きる。

以上は、用語だけでなく記述内容もわれわれの関心事へと引き寄せ過ぎているきらいはあるが、「古典は如何様な解釈にも開かれているが故に古典である」に免じてお宥しいただきたい。ここには、「いのち」「こころ」を大切に、「かたち」を崩さず、けっして「おほやけ」の立場を見失わない「英知公共人」のあり方が十全に示されている。「国家公共」という生き方を追究する本書の立場に示唆するところ大である。

現代のわれわれは「国家公共」の観念に基づく「生きるかたち」「生きる構え」「行動規範」「生活規範」を『憲法十七条』のような「おほやけ」の言辞としては未だ持ち合わせていない。それは今後の課題である。単純に『教育勅語』の復活を提唱しようなどと言うのではない。あるべき「おほやけ」の言辞をいまここで提示するのは本書の領分を超えている。

〈注1〉

聖徳太子の『冠位十二階』(大徳・小徳、大仁・小仁、大礼・小礼、大信・小信、大義・小義、大智・小智)は、「おほやけ」を「かたち」づけるための「位階」である。そこで「評価の対象となるのはその人の生まれや身分ではなく、その人の能力であり、人格である」(梅原猛)。このようにヴィジュアライズされたシンボルがあってはじめて人はそれへ向かってチャレンジすることができる。現代企業でも職階制度や資格制度などの位階秩序体系がその役割を果たしているが、サテライト型分散統治方式が主軸となるこれからのAI時代にあってはそのようなヴィジュアルな位階体系はかならずしも実情にそぐわない。ましてや「国家公共」空間を統摂するにはそれとは別の基軸が必要である。

「おほやけ」の「言事」(「言辞」)を持たない「いま」においては、具体的実績・成果・功績をもって統摂機序とするほかない。問題は実績・成果・功績の評価が適正であるかどうかの判断である。それには互いの「信」しかない。「信」には他律的動機は存在せず自律生成的動因(「自己反照的・相互反照的対話」のプロセス)があるだけである。そこには生命論パラダイムに依拠する自己組織化原理、すなわち「もののあはれ」「やまとだましひ」の発露がある。つまり、そこにあるのは「国家公共」空間全体の「宇宙生命」的次元における響応・共振である。

＜注2＞

『憲法十七条』の各条文を本書がこれまで使ってきた「構図」に（多少強引ではあるが便宜的に）当てはめて見れば＜図9＞のように整理できる。「和合共生」のリーダーシップに基づく「国家公共」「国のかたち」のあり方を考えるうえで本＜図＞は何ほどかの示唆をわれわれに与えてくれる。

十七条の各条は相互に響応し合っているので本＜図＞のように類別化して仕分けるのはもともと無理があるが、これはあくまでも＜参考＞として示すものにすぎないことをお断りしておく。

図9 『憲法十七条』の構図

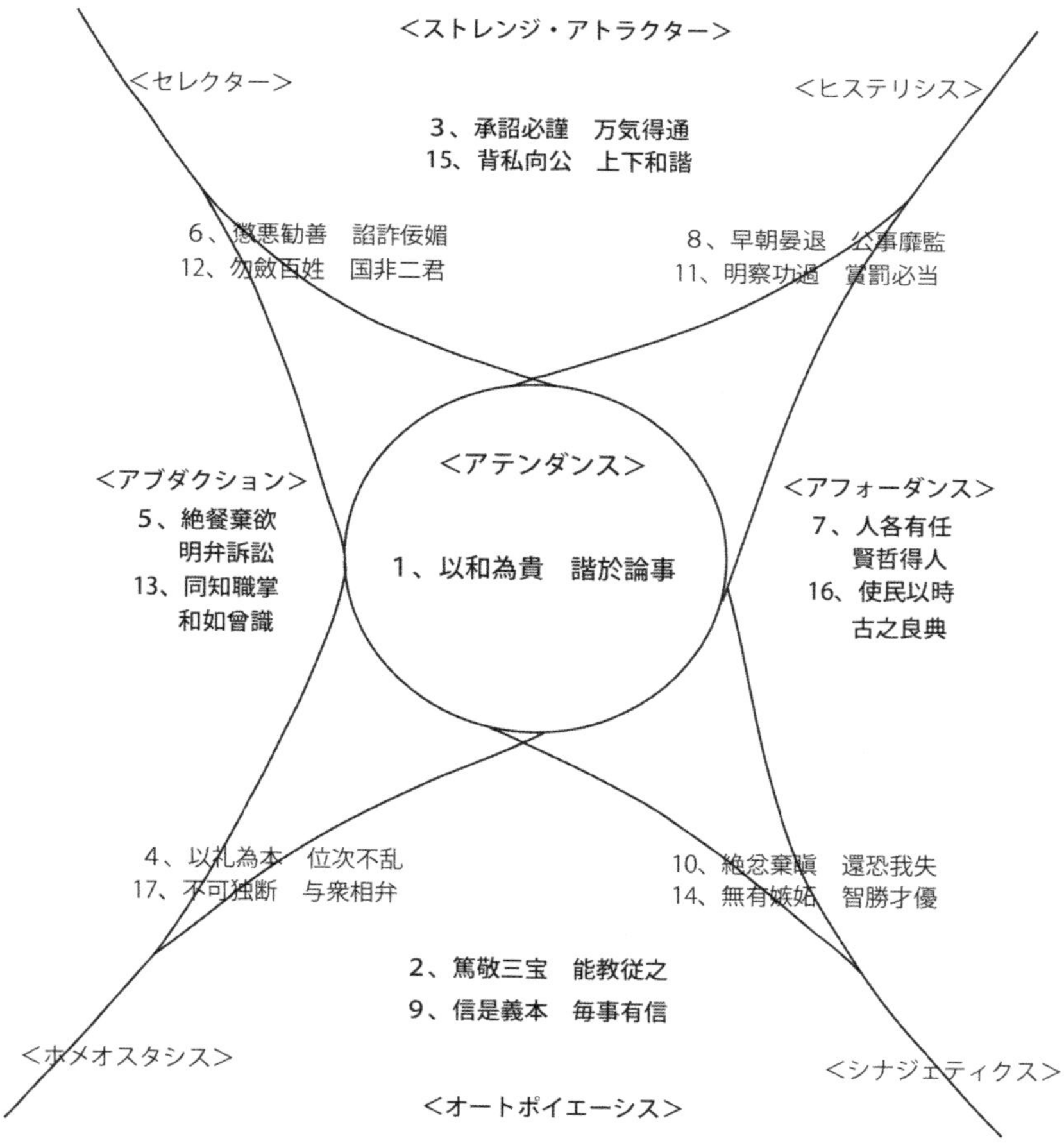
＜ストレンジ・アトラクター＞
＜セレクター＞
＜ヒステリシス＞
3、承詔必謹　万気得通
15、背私向公　上下和諧
6、懲悪勧善　諂詐佞媚
12、勿斂百姓　国非二君
8、早朝晏退　公事靡監
11、明察功過　賞罰必当
＜アテンダンス＞
1、以和為貴　諧於論事
＜アブダクション＞
5、絶餮棄欲
明弁訴訟
13、同知職掌
和如曾識
＜アフォーダンス＞
7、人各有任
賢哲得人
16、使民以時
古之良典
4、以礼為本　位次不乱
17、不可独断　与衆相弁
10、絶忿棄瞋　還恐我失
14、無有嫉妬　智勝才優
2、篤敬三宝　能教従之
9、信是義本　毎事有信
＜ホメオスタシス＞
＜シナジェティクス＞
＜オートポイエーシス＞

第三章

「公共的英知」の創発

「公共的英知」は自ずから創発するのであって他律操作的な訓練によって育成されるものではない。「国家公共」という生き方を模索するなかで「国民」各自が自ら体得・体現していくものである。

つまりは、「公共的英知」が創発するのは「協力同心＝自己供犠」「相互信頼＝贈与」「相互理解＝謝恩」「相互支援＝奉仕」の所業、精神によって各「英知公共人」がそれぞれに「生きるかたち」「生きる構え」「行動規範」「生活規範」を自律的に自己生成するプロセスにおいてである。「国家公共」という生き方を支えるのはこの「公共的英知」を体得・体現した「英知公共人」である。

以上を一覧的に図解して示せば〈図10〉（〈図8〉と一部重ね書き）のようになる。そのポイントは、「英知公共人」各人がそれぞれに棲みこんでいる「公共生活圏」を「英知公共圏」へと創成するための自己練成である。「主体」はあくまでも「英知公共人」各人であって、そこには規範的統率者・権力的指導者はいない。「和合共生」のリーダーシップがあるのみである。

見るようにそれは四つの局面においてなされる。（この「公共的英知」の創発は「家族生活圏」「地域生活圏」「組織生活圏」「仲間生活圏」の各圏域を通底して一貫的になされる）。

以下、本図にしたがって順に説明する。

図10　「公共的英知」の創発

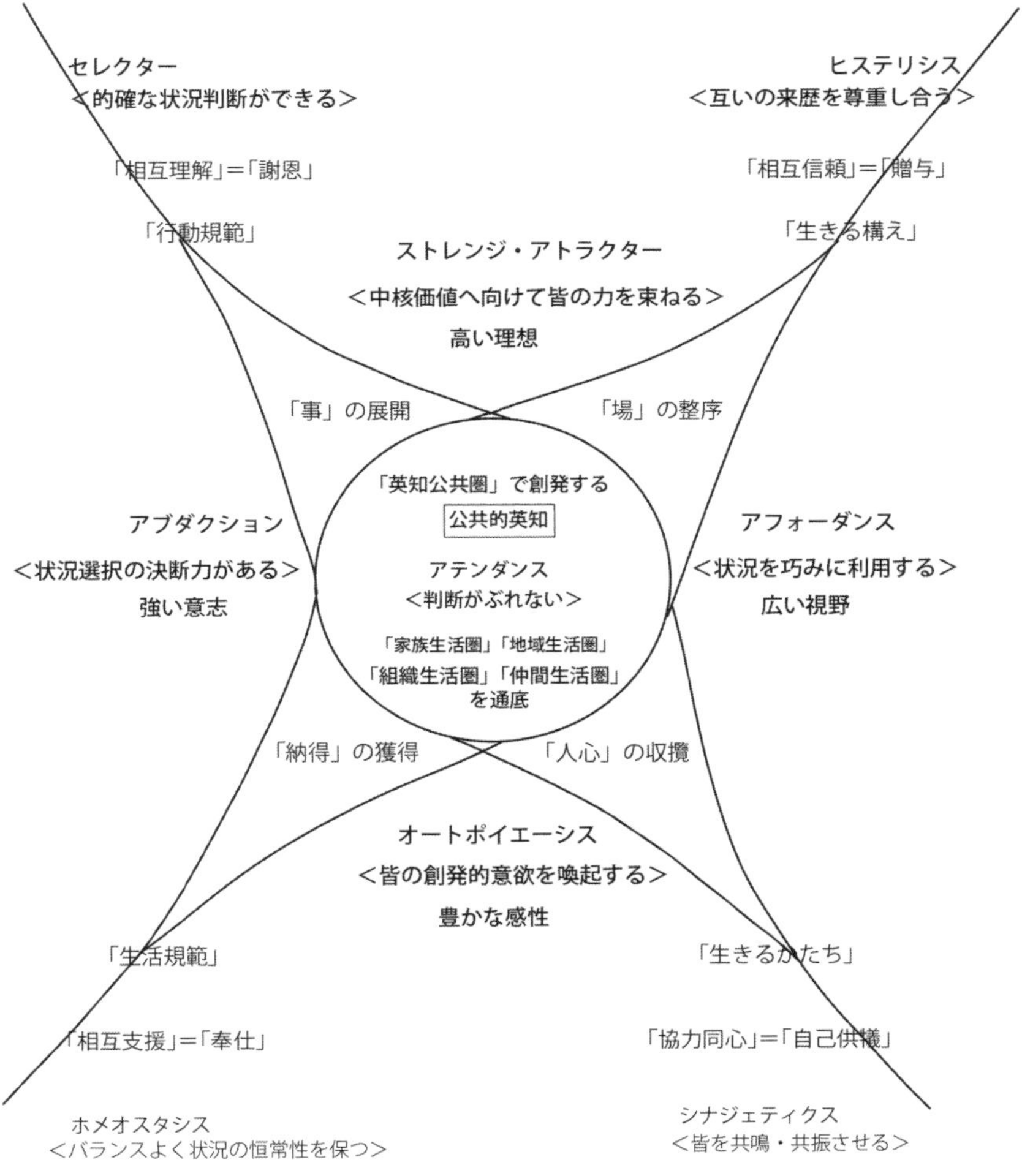

「人心」の収攬

「公共的英知」創発の機序は、先ずは「英知公共圏」を基底的に支える成員同士の「**人心**」をいかに「**収攬**」するかから始まる。「収攬」とはメンバー全員の共通理解が得られるよう全体が望む（であろう）方向へ向けて「英知公共圏」を共振的（シナジェティック＝「**協力同心**」的）に誘導することである。各個人（部分）の創発的意欲（「**自己供犠**」の精神」）が最大限に生かされるよう、それを全体目標達成（と自身が信じるところ）へと極力「**うながす**」ことである。そこには超越的価値規範の押しつけもなければ権力による統制もない。逆に主眼が置かれるのは、権力行使的側面を極力抑制して自己秩序化プロセスが自成的に作動するよう成員各自が互いを「**はげます**」ことである。そのようにして「人心」の趣く勢いに全体を「**ゆだねる**」ことで「英知公共圏」は動的に秩序づけられた「生きた圏域」へと創成される。その動的圏域においてこそ揺るぎない「**生きるかたち**」を体現した「英知公共人」が育つ。「**公共的英知」創発の内実をなす人間的美質はその「うながし」「はげまし」「ゆだね**」にある。

こうして「公共的英知」は「英知公共圏」をより豊かなものに変容させようとする諸個人の努力を「国家公共」へ向けて「協力同心」せしめる触媒機能を果たすこととなる。触媒機能とは本来的にはバラバラの「**人心」を自己反照的・相互反照的言説空間へと**（**すなわち多彩多様な「物語空間」へと**）「**収攬**」させる文化的営為（相互編集行為）である*。すなわち、公共的要請を理性的に受け止め、私的希求を情念的に受け入れ、その相互作用（理性連合と情念連鎖との相互生成的結びつけ）を通してそこを自由で民主的な「生─活空間」に変えるのが「公共的英知」である。この「人心の収攬」が「公共的英知」創発の初手となる。

*「人心」を自己反照的・相互反照的言説空間へと相互編集する（「収攬」する）触媒機能を担う文化的営為は、自身で習慣的に習得したものであれ他からの規律訓練によって体得したものであれ、それぞれ各人各別であってそこには万人を共約する共通項は本来的には存在しないはずである。それなのに、それでもなお人が「公共生活圏」にあって他者それぞれと何とか折り合いをつけながら「公共生活者」として生きて行けるのは何故か、そこに自他ともに依拠することのできる共通の根柢的価値基盤があるからである。

本書はその共通の「根柢的価値基盤」として、累記の通り、成員相互間の「自己反照的・相互反照的対話」を保証する「信」の力を挙げる。しかしそれでもなお、中にはそれすらをも他律的に強制された価値規範と受けとめる者もいるし、人によっては無意識下であれそこに幾分か自己欺瞞的な規範化作用の残影が揺曳していると感じる者もいないではない。これらの自己疎外感をいっさい撥無《はつむ》して**真に自己内発的な自律規範として自他が認め合うことができる共通「価値規範」があるとするなら、それは「信」のさらなる内奥に「宇宙摂理」のハタラキを措定《そてい》するしかない。**すなわち、いっさいの規範化作用から自由でかつ多様な各個々人を共約することができるのは、純粋に内発的で一段高次次元の「価値審級」としての、**「宇宙摂理」のハタラキに共属する者同士たることの共通認識**である。突き詰めれば、「人心の収攬」とはその**高次「価値審級」へと人々を求心的に束ねる**ことに尽きる（往相）。そこから反転（還相）して人は自他を「公共的英知」の創発主体へ、「英知公共圏」の創成主体へ、「英知国家」としての

「国のかたち」の成形主体へと「うながす」。**その創発・創成・成形の「うながし」のプロセス**（**往相・還相**）**において多重・多彩な相互調停作業がさらに積み重ねられる。**「公共的英知」「英知公共圏」「英知国家」がそれぞれに豊かな内実を具えることができるのは根底にこの**多重反復的な相互調停作業**があるからである**。

**多重反復的な相互調停作業（自己反照的・相互反照的言説空間の相互編集）には自己言及的トートロジーが内包されている。「公共的英知」とはそのトートロジーに耐えるに足る「生きるかたち」をどんなことがあってもけっして崩さないことである。「自己供犠」の精神がその端的である。「自己供犠」は単なる「献身」ではない。「自覚・決意」「覚悟・志」を伴った「而立而存」の自己が（そうとしかあり得ないとの一種の「諦念」を以って）そこに盤踞している。

しかし逆に、それが自己拘束的規律化作用（自己硬直化作用）をもつことにならないように、またカタログ化・形骸化されることのないように、つまりディテールにいたるまでその論理に自己拘束されることのないように、キッチュへの逸脱・惑溺などがないように等々の自己チェックも同時になされねばならない。「自己言及的トートロジー」に耐えるとは、この自己チェックの機微のことを謂う。そのような柔軟性・豊穣性を具えていてこそ「人心の収攬」は「公共的英知」創発の苗床となることができる。

「生きるかたち」は各人別にそれぞれに表徴されてよいが、それはさまざまな生き方のなかの一つの「範型的特徴」として互いに理解され承認されるものでなければならない（予め決められた類型化された行為プログラムであってはならない）。そうであってこそ「**生きるかたち**」**はそのあるべき**

機能（反照的適用性…〈文化的伝統や慣行習慣に即しているかの自問…ヒステリシス効果〉、および前適応的進歩性…〈時代先取り的先見性があるかの自問〉…セレクター効果）を充足することができる。そういう開かれつつ閉じられ、閉じられつつ開かれた柔軟な「生きるかたち」であってこそ、「人心を収攬」するうえでの中核的規範効果を期待することができる。

結局のところ、「公共的英知」が創発するのは〈「英知公共人」同士が「協力同心」して自己調律的・相互調整的な「生きるかたち」を（「自己供犠」の精神を以って）相互創成し合うことによってである〉ということに帰結する*。

*現実はどうか、政・官・財・学あるいはスポーツなどの各界で後を絶たない恣意的な権力行使、あるいは各所で発生する隠蔽や捏造、改竄などの不祥事、これらの根柢に何があるか、「公共的英知」の**喪失**、そこに淵源する「生きるかたち」の**崩れ**である。「国家公共」空間においていまこそ「国民」は互いに協力し合い、心を通わせ合い、互いの「公共的英知」創発に貢献し合う「英知公共人」同士とならねばならない。そして「国家」は「国民」のその自己励起的相互作用（「協力同心」＝「自己供犠」）が美しい「国のかたち」成形へと豊かに結実するようフィールド整備をしなければならない。

「場」の整序

われわれが生きて働く「場」（そこは日常の「生活空間」「公共生活圏」である）はもともと混沌と

平衡との中間、非平衡不安定の動的定常状態にある。だからこそ、そこに多様性・豊穣性が醸し出され、「場」は環境とともに創発的進化を遂げていくことができるのである（ヒステリシス効果）。

その創発的進化のなかで「英知公共圏」は**動的均衡美**を獲得する。「英知公共人」の**「生きる構え」**もそこにおいて動的に美しく調整され、「公共的英知」も鋭敏な**審美的感性**をその内部で高度に育む（それは自律的システムである「自己反照的・相互反照的対話」過程そのものの効果である）。「公共的英知」にとって基本的に大事なのはその審美的感性・動的均衡美感覚である。

「英知公共圏」の構成成分であるメンバーの「生きる構え」はその**審美的感性・動的均衡美感覚によって多面的に自己チェックされる。**「英知公共圏」はあらゆる自己言及的システムの作動がそうであるようにこの審美的感性・動的均衡美感覚によって自己調律されるのである。**「場」の整序とはこの自己調律的自律規範領域に人々の自発的参加を「うながす」（自己組織的に動員する）凝縮されたコミュニケーション・プログラム**のことである。それは**恣意性を縮減し予期を調整するディスコース解釈（プログラムの内容・文脈の編集・再編集）のための準拠枠（自己言及的自励発展性の枠組み）を提供する。**そのプログラム（準拠枠…すなわち「生きる構え」の指示枠となるもの）が自己提示されることで「英知公共人」はそれを参照しながらそれぞれの「生きる構え」を自己編集しつつ「公共的英知」をより高次次元へと創発させていく。自律規範的・自己励起的「贈与＝相互信頼」の精神・所業がそれを支える。

＊「審美的感性・動的均衡美感覚」とは端的に言って「それは美しいか」「それは悦ばしいか」の自問である。「美」と「悦び」はすべての相対的価値規範を超脱している。こうして「場」が「美と悦びの公共空間」となったとき「公共的英知」はより高次次元の価値規範を目指してさらに創発する。「霊性的世界」がその先に披かれる。

「事」の展開

「場」の整序は単なる観念操作ではなくあくまでも現場の具体的な「事」のうえでなされる。ここで言う「事」とはいま目に見えている個々の「事象」のことではない。いまは隠されていても日常行動の中でやがてその意味が顕わにされ得る、つまり、解釈・判断・理解の対象となり得る豊かな内実を具えた「事実」のことである。あらゆる「事」にはそれを選択的・実践的に担う当事者（自己だけでなく自己と共にセレクター機能を担ってくれる他者）がいる。その双方向的セレクター機能によってはじめて「事」は生起するのである。「生起」とは「経験」された「事」を解釈し合い、判断し合い、それを理解（意味づけ）し合い、その理解（意味づけ）によって新たに「経験」を解釈し直していくその再帰的・自己言及的サイクルを滞りなく循環させることである。システムとして「事」―「**解釈**」―「**判断**」―「**理解**（**意味づけ**）」―「**経験**」（**そこから次の**「**事**」**へと繋がる**）**の自律的サイクルを互いが保証し合う**ことである。このプロセスを「**相互理解**」し、そのサイクルの「実」ある再帰的循環を保証するのが当事者同士の「**謝恩**」の精神である。「謝恩」の精神とする所以は一般的な「感謝」の念とは違ってそこにはセレクター機能を共に担った者同士の「報謝」の念いと実践とがあるからである。それによってはじめて「英知公共圏」は筋道の通った皆に共通理解される「物語空間」へと編集される。そこにおいて「**公共的英知**」**はより多彩で内容豊富な**「**自己励起的自律発展性**」**へと創発する。**そこから「英知公共人」の柔軟にして多彩な「**行動規範**」が自励発展的に定立・再定立される*。

*累記する通り「英知公共圏」の背後には「宇宙摂理」＝「霊性的自覚」のハタラク世界が無限に広がっている。「英知公共人」はそこに共属する者同士として不断に互いの「行動規範」を摺り合わせる。それによって「行動規範」は**精神的・情動的圏域へと拡張**される。その拡張された圏域において「英知公共人」は日常を超えた次元でさまざまな「事」（心的・精神的課題）を新たに発掘し、提示し、展開する。それによって「公共的英知」はいっそう高次次元へと創発し、内的に深められ、内容充填される。付け加えるなら、その先に「宗教」世界が披かれる。

「納得」の獲得

「英知公共圏」の創成には成員各自の相互「納得」がなければならない。「納得」は「**奉仕**」へと繋がる。互いが互いに「奉仕」し合ってはじめてその「圏域」はホメオスタティックに秩序づけられる。ホメオスタシス（恒常性の維持）とは複雑性を縮約し「人心」をはじめ「場」「事」をバランスよく「整序」「展開」することである。中には遅延したり逸脱したりする者がいてもやがては「整序」「展開」のプロセスへと参入できるようホメオスタティックに「**相互支援**」し合うことである。ときにはたとえば「体制内非体制派」を軌道修正のための転轍装置として「活用」することも含めてそう「うながす」のである。この「納得」「整序」「展開」「支援」「活用」「促し」の全体構図に支えられて成員各自の間に「公共的英知」によって内容充填された「**生活規範**」が創成される。

創成された「生活規範」はときに不測の事態（波乱要因）に出くわすこともある。「英知公共人」は自身の「立ち位置」を調整しつつそれに柔軟に応答する。それは「公共的英知」の内実をさらに豊富化する機縁ともなる。大事なのはどんな場合でもその「生活規範」をホメオスタティックに自己堅持することである[*]。それには圏域全体を制御することのできる二つのレベルでの自己制御力が求められる。圏域全体の駆動システムに対する制御力と、時としてそれとは対立する部分独自の駆動システムに対する制御力、この二重の制御力である。「公共的英知」に求められるのは、この駆動システム間のパラドクス（そこには制御と駆動の間のパラドクスがある）を調停する（見究め、毅然として使い分ける）力能である。それは単なる力業ではない。そここそが「公共的英知」が求められる局面である。「英知公共圏」を秩序づける「英知公共人」に求められるのはこのパラドクス調停の「集団統摂力能」である。その「集団統摂力能」を支えるのが「**奉仕**」の精神である。**メンバーからの「納得」と「相互支援」が獲得可能なのはこの「奉仕」の精神によって支えられる「集団統摂力能」**によってである**。

*「国のかたち」を成形するには、上からの権力機構によるとするか、本書のように自己反照的自己生成因・相互反照的相互生成因による自己秩序化に委ねるとするか、あるいはそのどちらにもよることなくそこに新たな価値審級を持ち込むか（たとえば、グローバルな国際秩序の尊重、あるいは国家安全保障などの外生要因などに重きを置く）、考え方はいろいろとあり得ても、いずれであれそこにはイデオロギーによって偽装された「偽―権力」によってそれ（価値審級）が乗っ取られる危険性がつねにある。ともかくそれは避けねばならない。そのためには、繰り返すが「英知公共人」たる各人がそれぞれ拠って立つ基盤・根拠、つまり、自らの**「生活規範」をけっして崩さぬよう「居住まいを正す」**（姿勢変更はあってもよい）しかない。つまり求められるのは、互いの「自己反照的・相互反照的対話」（「関係的自立」＝「自立的関係」に立脚）による**不断の姿勢制御プロセス**である。「奉仕＝相互支援」がその準拠枠となる。

各「生活圏」ごとに「集団統摂力能」が試される国政レベルでの課題がいま現に山積しているが、どんな課題であれそこには駆動と制御の間のパラドクスが内包されている。それを解くなかで「公共的英知」が創発し、「英知公共人」が育つ。このパラドクスへの対処は「解」そのものもさることながら諸々の「課題」解決プロセスに如何に「いのち・こころ」**を通わせることができるかである。それによって**「やはらぎ」**のある課題解決経路を見つけ出していくのである。次章で述べる「霊性的自覚」の覚醒がその「いのち・こころ」に（「宇宙摂理」のハタラキによって）「やはらぎ」のある「かたち」を与える。「英知公共人」の「公共的英知」はそれによって支えられる。

以上の、1「人心」の収攬（シナジェティクス）、2「場」の整序（ヒステリシス）、3「事」の展開（セレクター）、4「納得」の獲得（ホメオスタシス）の四機序は、それぞれが独立して機能するのではなく相互生成的に関連し合った、ひとつながりのハタラキ（オートポイエーティック・システム）である。そして、これらが円滑に同時実現するにはそこに皆を糾合できる「中核価値」（ストレンジ・アトラクター）がなければならない。要言すれば、本書はそれを「国家公共」の観念だと総括する。それを担うのが「公共的英知」であり、その主体が「英知公共人」である*。

*「公共的英知」「英知公共人」に関する類書を繙けば凡そ次のような言説がなされる。

「公共とは、成員メンバーの間で自らの倫理的・道徳的立ち位置を定立し闡明する自由が保証されており、それによって何を実現するかについての合意形成（なしは不形成）のプロセスがメンバー全員の批判的対話に開かれ、その公的言説の再活性化を通して「英知公共圏」での「英知公共人」としてのあり方をつねに新しくしようとするあらゆる試みがその圏域のあちこちで日々積み重ねられていくこと」だと定義される。…**「自己供犠＝協力同心」「「人心」の収攬」「生きるかたち」が主にそれを担う。**

あるいは、「境界面（身体の場）を活性化させ、互いが経験の地平を拡げ、ものの見方をより柔軟にすることで、豊かな想像力、鋭敏な感受性、自然との調和的な生き方、高い創造力、細やかな気配り、を隅々まで行き渡らせることである」とも言われる。…**「贈与＝相互信頼」「「場」の整序」「生きる構え」が主にそれを担う。**

あるいは、「英知公共圏」を成り立たせるのは「自律的協働の組成、新たな主体の継続的産出、知的・倫理的エネルギーの賦活、構成的思考の促進、正統性の源泉の連続的開鑿であり、それによって「英知公共圏」に新たな活力が不断に備給されることを互いが理解し合い、そのことに互いが報謝し合うことである、それによってつねに新たな形態へと自己変容する途が開かれる、そこには自然摂理との響応がある、そこにおいて「英知公共人」は自由で秩序づけられた主体となる」とも言われる。…「**謝恩＝相互理解**」「**「事」の展開**」「**行動規範**」**が主にそれを担う。**

どういう捉え方をしようとも「視点はつねに複雑で不確実な内面をもった個々の主体へと還され、それに伴って平板で無反省的な日常空間は情動的・実践的な反響空間へと拡張され、そこにおいて人は生きる意味・暮らしの本質に改めて覚醒する、そうして自らを環境状況の変化に連続的に対応しつづける動的システムへと練成していく、予想される事態を予測的に先取りするなかで洗練された動きを内側から促しそれを自然な流れへと水路づけする、こうして、能動的に自己の本来性を生きつつ互いに相手を援けて相互の利益に奉仕しようと気遣っている主体がそこに生まれ、自己反照的・相互反照的に活動する主体同士となる」とされる。「英知公共圏」における「英知公共人」の創成である…「**奉仕＝相互支援**」「**納得の獲得**」「**生活規範**」**がそれを担う。**

ここに見られるのは、認知過程の活性化を介して世界を意味づけるべく互いが互いの振舞いを自己調節して生きる「英知公共人」の誕生である。こうして「英知公共圏」はさらに熟成し、「公共的英知」はいちだんと創発し、「国家公共」観念は内容充填され、つれて「国家」は「英知国家」へと進展し、あるべき「国のかたち」がそこに自ずから成形される**。

わが国は人格的に自立（自律）した「自己」の確立を見ないまま、ということは「自己反照的・相互反照的対話」の場を経験することなく近代に突入したために個人的な「生活圏」までもが無際限に「公権力」に乗っ取られてきたという歴史的事情があると言われる。「公権力」による「生活世界」の「植民地化」と言われる事態である。しかしそのような主体なき状態に止まるかぎりは「国のかたち」成形の手掛かりは得られない（かつてはそこに「万世一系」の「国体論」を接ぎ木した）。求められるのはその反転によって新しい意識地平を開くことである。すなわち、各自がそれぞれ拠って立つ「自立性」を双補双依的相互作用によって「関係性」へと反転させ、その「関係性」＝「自立性」の相関をさまざまに編成し直すことで、そこに「関係的自立＝「自立的関係」を成立（絶対矛盾的自己同一）**させることである。つまり、相互尊敬の基盤を強化する方向で互いに相手を受け容れ合い、そこから「自己供犠＝協力同心」・「贈与＝相互信頼」・「謝恩＝相互理解」・「奉仕＝相互支援」の精神・所業を体得・体現し合うことによって、互いの「生きるかたち」「生きる構え」「行動規範」「生活規範」を定立・再定立し合うのである。その双補双依的反復から「国のかたち」が成形される。しかしこれは、**われわれに課された永遠に未完のプロジェクトでありつづける**＊＊＊。

＊＊＊「公共哲学」の基礎は、「公正」や「正義」などについて社会全体で行う批判的検討プロセスを促進することにあるとされるが、そもそも「公正」や「正義」の定義について避けがたい不一致があるのにそれがどうして可能なのか、せいぜいのところ、「公正」や「正義」などについての批判的討議の射程は、「何を横暴な権力（市場原理主義もそこに含まれる）の侵入から守るべきか」、「環境を悪化させる生活様式をどう見直すか」、「希望に満ちた理想への道筋にそれがどう関わるか」などの消極的ないしは抽象的・理念的な言説にその範囲は限定されざるを得ない。言説の射程が伸びれば伸びるほど批判的討議は合意を得ることが難しくなるばかりである。これを「自己反照的・相互反照的対話」プロセスへと生産的・能動的に回帰・再回帰させる要訣は、繰り返しになるが結局のところ、**各人が「而立而存」の「自覚・決意」「覚悟・志」を定めて自らの「生きるかたち」「生きる構え」「行動規範」「生活規範」を自己選択し、それを如何にして「国のかたち」へと結びつけるかを自ら闡明すること**しかない。「英知公共圏」を

「英知公共人」として生きるということは、その自己「闡明」（それは無限に反復される「自己反照的・相互反照的対話」の繰り返しでしかなくても）にたじろぐことなく身を挺してその重荷を一身に背負って生きていくことである。そうやって**倫理的実践者・道徳的行為者としてのアイデンティティを形づくる「英知公共人」の「物語」をそれぞれが「自分らしく」自己編集していくこと**、それに尽きる。

「物語」を「自分らしく」自己編集するとは、他者の「物語」との関わりのなかで（その文脈（筋書き）の摺り合わせのなかで）、自己の「物語」をどう紡ぎ続けるかである。それは**「国家公共」を生きるとはどういうことか（つまり「国のかたち」成形にどう関わるか）を問いつづける「英知公共人」すべてにとって永遠に未完のプロジェクトでありつづける。**時代を超えてつねに「国のかたち」のあり方が繰り返し問い直されるのはその証左である。

《補注》AI時代における「国家公共」のあり方

AI時代において「国家公共」のあり方（ひいては「国のかたち」）がどう変わるかはまだ不分明なところが多いがその検討はわれわれにとって避けては通れない課題である。

誰でもがどんな情報でも自由に共有・共活用できる時代の到来を告げ報せるこれからのAI時代にあっては情報の「非対称性」はなし崩し的に平準化（対称化）されて行くが情報はけっして最終的な均衡（対称性）に達することはない。この情報非対称の「無限性」は、新たな剰余価値を求めて再投資され続ける資本の終わりのない運動と連動している。そこには「国家公共」に関してこれまでにない新たな問題が次のように浮上してくる。

一、人はＡＩに使役されるだけの、つまり、「資本」の利潤獲得マン・マシンシステムに単に機能的に組み込まれただけの「情報システムの端末部品」に成り下がるのか、それとも人がＡＩを使いこなすことで人も企業も「国家公共」にとって欠かせない役割存在としてその発展向上にいっそう「貢献」することとなるのか、という国家的問題

二、それが社会レベルに反映されて、ＡＩに代表されるＩＣＴの高度活用によって資本主義の現体制と企業経営の現場はどう変わるのか、それにつれて「国家公共」の観念にどういう変化がもたらされるのか、という社会制度的問題

三、その問題は再び国民の側に返されて、「国家公共」の師表たらんと志す国民は各々その「生きるかたち」「生きる構え」「行動規範」「生活規範」をそこにおいてどう立て直すのか、という国民的課題

四、付随して次のような問題も出て来る。

①人は何とかして「情報を囲い込む」ことで自己をその内部で確保しようと「情報オタク」化するのか、つまり、「情報からの疎外」「情報への疎外」という二重疎外に陥ることになるのか*、

②ＡＩが広く社会に浸透していくにつれて、ＡＩを悪用して「情報の非対称性」をさまざまに捏造・変造してそこから不当（不法）な利得を掠め取ろうとする輩が現れるがそれにどう対処するか、

③政・官・財・学の各界いずれを問わず懸念される各種サイバー犯罪多発への対処如何、
④ＡＩにサポートされることで、規格品の大量生産体制や定型サービスの提供システムはあたかも行政機関・機構のサービス部局であるかのごとく「社会共通資本」化されていくと同時に、その分野で働く従業員の数および必要労働時間数もおそらくいまより格段に少なくてすむようになるだろうがそこで働く人々の生活の充実をどう図るか、また、そこに生まれる人間的余力を「国家公共」に向けてどう有効活用するか、
⑤それと裏腹の現象として発生するであろう雇用のミスマッチや失業問題、あるいは貧富格差の拡大、情報パワハラの横行、プライバシーの防ぎようのない侵害、などの「国家公共」にとって根幹的問題にどう対処するか、
⑥ＡＩやＩｏＴを駆使した新事業分野での起業や商品・サービス開発をどう支援するか。そのため教育をはじめ諸々の社会環境をどう整備するか、
などである。

「国家公共」のあり方を問うわれわれの立場からすればこれらはいずれも避けて通れない。しかしいまの段階では残念ながら問題提起に止まらざるを得ない**。

*ＡＩによって設計された規格大量生産システムの単なる一工程と化した周辺労働者は、大文字の目的（何のために働くのかの意味）からも、小文字の目的（やりがいを感じることのできる仕事）からも疎外さ

れた存在へと転落するか（「情報からの疎外」）、情報ネットワークに絡め取られ、あるいはそれから逃れようとして、かえってそこへの自己拘束にひたすら熱中する「情報オタク」へと頽落するか（「情報へと疎外」）、いずれかであろう（大澤真幸）。

**これらの諸点について企業経営の立場から筆者なりに考究したのが前二著『AIが開く新・資本主義ジョイフルビーイング・スタディーズ』／彩流社、および、『AI時代の企業経営』／仝である。その概要を新知見も加えて再記すれば次の通り。

《われわれ国民にとって大事なのは、情報対称性（対称化）を普遍的事実として受け容れて情報の「囲い地」を「公有地」化すること、同時に、なおそこに残る残余（情報非対称性の源泉）を全人間的・歴史文化的深層に向けてより広く・深く・強く掘り下げつづけることである。すなわち、自らがAIを駆使する操作主体となって新たな情報の「非対称性」を不断に生み出し続ける尖兵役を進んで引き受け、そうすることで新たな付加知価産出に向けてさまざまな事業分野・生活分野を多様に切り拓いていくことである。そこにおいて改めて問われるのはそれが目指すべき窮極はどこなのかの問いである。

「国家公共」に「貢献」すること、回答としてはそれしかない。企業にあっては、飽くなき超過利潤の獲得を目指す「市場資本主義」の軛から脱して指向弓を「文化資本主義」へと向け変えることである。「情報の非対称性」を最後まで保持できるのは歴史伝統に支えられた「文化」である。「文化」を付加知価生産の源泉とし、かつその目標とすることで資本主義の存続自体を「市場資本主義」から「文化資本主義」へと向け替えるのである。つれて、国家の役割も「市場秩序」維持から「公共秩序」の維持へ、「公共文化」の熟成へと軸足を移すこととなる。

「文化資本主義」が軸足を置くのは「家族生活圏」「地域生活圏」「組織生活圏」「仲間生活圏」、およびそれを構成成分とする「公共生活圏」の全域である。したがって、ポスト「市場資本主義」は「公共生活圏文化価値資本主義」だと言いかえてもよい。「市場」を統べるのが「商品価値」であるのに対して「公共生活圏」を統べるのは「文化価値」である。「公共文化」「公共的英知」の熟成がその成果である。つまり「国家公共」「公共文化」が目指すべき新たな中核価値目標となる。

そこは改めて「国家公共」のための「貢献」とは何かが問われる局面である。その問いに応えるなかでこそ成形されるべき「国のかたち」も新たに見えてくるはずである。それには国民各層・各人を一つに結び合わせるいわば触媒効果をもつ「媒質」がその基底になくてはならない。いまの段階では「宇宙摂理」のハタラキへの信がそれだとしか言いようがない。≫

AI時代の到来による情報の非対称性の消滅ないしは希薄化によって、もっぱらそれによって超過利潤の獲得を目指してきた「市場資本主義」は、文化価値創造を目指す「文化資本主義」へと指向弓を向け変えることとなるが、大事なのはそれを担う先駆的産業・企業、およびそれを担う人材（経営指導者、起業家、特にAI関連のICT高度技術者）の育成である。いま、わが国はアメリカをはじめ他の先進諸国はもちろん、中国やロシアなどの「戦略国家」に比べその点で著しく立ち遅れている。わが国にはそれについての明確な国家戦略もなければ、企業においてもその分野への先端的研究開発投資は極めて貧弱である。人材育成システムに至っては産・官・学すべての分野でほとんど無策と言ってよい。「国家公共」観念の再吟味が求められる所以である*。

＊「国家公共」観念の再吟味で欠かせないのは、これからますます混迷を深めていく世界情勢（「自国第一主義」「原理主義」「排他主義」などによる「国際秩序」の破壊・動揺など）のなかでわが国を国際的にどう位置づけるかのグローバルヴィジョンである。ＡＩの進展による∧サテライト分散型のネットワーク社会∨にあって∧国際秩序のあり方∨も大きく変容するはずである。この点については、たとえば『新世界秩序　21世紀の〝帝国の攻防〟と〝世界統治〟』ジャック・アタリ／作品社を参照されたい。

第四章

「公共」と「霊性的世界」

これまで本書が「公共」に関して述べてきたことを要約すれば次のようになる。

《自己内部に抱える矛盾葛藤を何とか自己調停している〈「個」～「個人」〉統合人格は、「公共生活圏」における「公共生活者」として日常を生きて行くなかで、それぞれに「生きるかたち」「生きる構え」「行動規範」「生活規範」を身につけていく。その「公共生活者」は互いに寄り集まって「自己反照的・相互反照的対話」を積み重ねつつ、「自己供犠・贈与・謝恩・奉仕」の精神を体得し、それを支えに「協力同心・相互信頼・相互理解・相互支援」の所業を体現していくなかで、「国家公共」の観念を育み、「公共的英知」を具現した「英知公共人」へと成熟していく。その「英知公共人」に支えられて「国家」は「英知国家」へと進展する。その根底には「国民」相互の「信」がある。そして、その「信」の背後には互いが「霊性的世界」に共属する者同士という共通理解がある。結局のところ、本来バラバラで自己内部に矛盾葛藤を抱えた「国民」同士が「国家」へと統摂されるのは、互いが「霊性的世界」のハタラキに共属する者同士だとする共通認識がそこにあるからである。》

では、「霊性的世界」のハタラキとはどういうことか、これまで随所で触れてきたが、これも要言すれば次のようになる。

《われわれ生きとし生きるものはすべて「宇宙摂理」のハタラキによって「いま」を生かされている存在同士であり、ビッグバン138億年以来いまもハタラキつづけている「宇宙生命」の極微の分有体同士として「わたし」たちのいまの「いのち」がある。われわれはその「霊性的世界」のハタラキに共属するもの同士であることを「霊性的自覚」によって覚知する*。》

＊「霊性的世界」認識は限られた宗教家や特別の思索者に固有の事柄ではない。それは、意識する・しないに関わらず、われわれすべてが「宇宙摂理」によって生かされている存在として持つ共通認識のはずである。わが国特有の「日本的霊性」「霊性的自覚」（鈴木大拙）によって披かれる「霊性的世界」認識もそれである。「国家公共」観念の根柢にも、ということは「公共的英知」の基底にもその共通認識（一体的統合感）がある。

鈴木大拙はわが国の仏教の核心に「日本的霊性」「霊性的自覚」を見出す。大拙によれ「霊性的自覚」とは「即非の論理」の経験的体得であって、「同一律に基づく意識の立場」を否定し、「相対を超えた霊性の絶対的肯定性」のことを言う。「同一律」とは「AはAである」といういわばトートロジー的自己言及性（実在を静態的・固定的に捉える立場）に囚われがちな「意識世界」の謂いである。「霊性的自覚」はそれを超脱して「AはAではない、故にAである」という定式によって、総てを包越する（相対を超出した）「世界」を一挙的（即非的、絶対肯定的）に把捉しようとする。そこに披かれるのが「霊性的世界」である。そこでは、総ては「宇宙摂理」に随順して（138億年のビッグバン以来いまもハタラキつづけている宇宙生成の原理がいわば「元型」＊＊となって）劇動的に生成変化する「実存世界」の出来事として把捉される。「日本的霊性」「霊性的自覚」はその「宇宙摂理」に直参する（たとえば、法然・親鸞であれば「自然法爾」「弥陀本願海」「弥陀無量光」の世界がそれである。あるいは、スピノザの言う「あらゆる変状の原因」としての「神」が想起されてもよい。「日本神道」の精髄がここにあると見ることもできる）。

＊＊「元型」とは、C・G・ユングによれば「常に在るもの、いわば「永遠の」現在であって、問題はただ意識がこれを知覚するかどうか」であり、「理論上はどの人間にも表れるはず」のものであって、「あら

ゆる生の担い手はそれぞれ個としての限界と可能性を持って」それを生きているのである。その「元型」によって「己れ自らを実現することこそ生きて存在するということの意味に他ならない」。すなわち「元型」とは「窮極的には一切のものがその周りを廻っている極点の役割を演ずる」ものである。（C・G・ユング『心理学と錬金術Ⅰ』／人文書院）。

以下で、われわれがその「霊性的自覚」に覚醒する契機、それによって「霊性的世界」が披かれる経緯、および、その「霊性的世界」の位相、「霊性的自覚」が開く「宗教」世界について順に見ていくこととする。

「霊性的自覚」に覚醒する契機

人が「霊性的自覚」に覚醒する契機について以下〈図11〉によって考えていくこととする。

「暗黙知」「行為体験」、「身体知」「出来事経験」、「言語知」「知識情報」、「メタ言語知」「メタ知識情報」については前掲書『女性が輝く時代 「働く」とはどういうことか』（63頁）を参照願いたい。

図11　「霊性的自覚」の覚醒

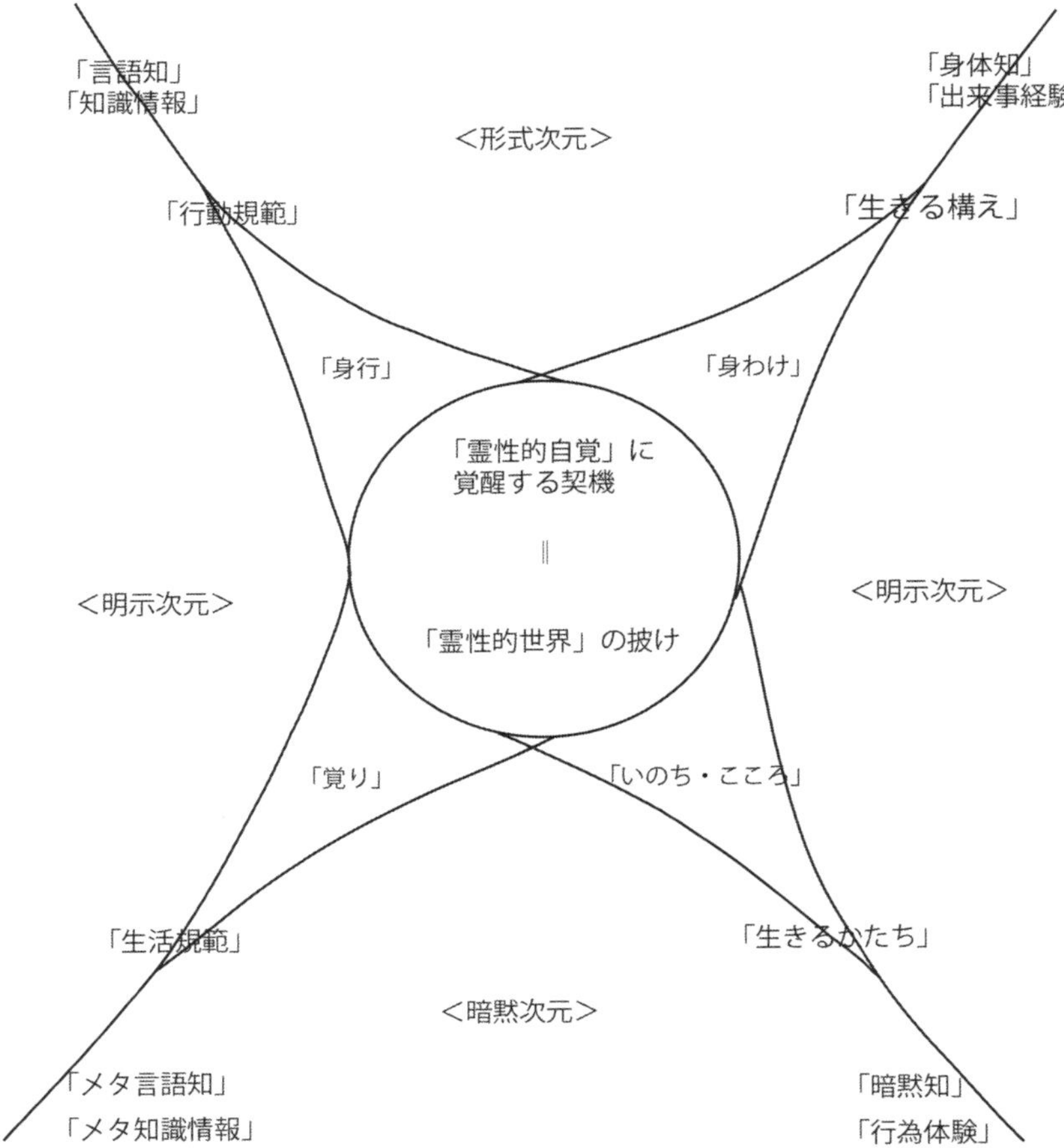

「いのち・こころ」

われわれが棲みこむ「公共生活圏」「英知公共圏」の根底には「**いのち・こころ**」の次元が豊かに拡がっている。人は何かの瞬間にそのことを「霊性的自覚」によって体感する。そこには「**暗黙知**」（すなわち「いのち・こころ」）のハタラキがある。それによって、表層的に見れば単なる記号（ときには対決すべき障害）でしかないものが人生（「いのち・こころ」）にとってかけがえのない「**行為体験**」の機会と覚知される。いま・このとき・この場における「霊性的自覚」による世界把捉である。それて周囲の景色もそれまでとは位相を異にして見えるようになる。その位相転換体験こそ人が「霊性的自覚」に覚醒する契機（場・機会・瞬間）なのである。それによってこの世に立ち向かう「**生きるかたち**」が定まる*。

*「霊性的自覚」とは端的に言って、われわれの「いのち・こころ」は「宇宙摂理」のハタラキのうちにあってそれと共振（共鳴）し合っていることの自覚のことである。そのハタラキを自己責任においてわが身に引き受ける覚悟がそれに伴う。その自覚・覚悟からわれわれの「生きるかたち」が「あらはれ」出る（表出・形象化される）。その「生きるかたち」の「あらはれ」が集合的に抱握されて「国のかたち」となる。こうして「いのち・こころ」「かたち」は「霊性的自覚」（「宇宙摂理」のハタラキ）において「国家」「国民」を貫いてひと繋がりとなる。「国のかたち」とは、その「国民」各人の「生きるかたち」の抱握的全体形象なのである。「抱握的全体形象」とは、それが「霊性的自覚」者によってはじめて

把持され得る仮構された「形象」だということである。仮構された「形象」とは言ってもそれが恣意的に仮想・構築された（いわば捏造された）「かたち」だということではない。宇宙摂理のハタラキとの共振（共鳴）によって諸事物が自らの「いのち」をこの世に仮に（偶然に、たまたま）「あらはれ」させるときに構成するそのかけがえのない「形象」（仏教で言うところの「権現」）だということである。こうしてわれわれの「いのち・こころ」の「あらはれ」、すなわち「生きるかたち」は、あたかも「磁石」のような作用（C・G・ユング）によって首尾一貫性のある「国のかたち」へと捉え込まれていく。

ユングは言う。「心的課程が一旦動き出し進展し始めれば、中心象徴は劇的紛糾葛藤の渾沌という個人的な心の外観に惑わされることなく、この渾沌の真只中を首尾一貫して、しかもみずからを絶えず更新しつつ、目的に向かって進んでゆく」（前掲書）。「国のかたち」も「中心象徴」として同様の「磁石作用」をする。国民各個の「生きるかたち」は中心象徴としての「国のかたち」へ向けて首尾一貫して進んでいく。要点は、「自己刷新」を繰り返しながら「首尾一貫」的に進行するプロセスそれ自体にある。すなわち「国のかたち」とは、「国民」同士の間でなされる不断の「自己反照的・相互反照的対話」のプロセスをシステム的に保証し、そこから「自己供犠・贈与・謝恩・奉仕」＝「協力同心・相互信頼・相互理解・相互支援」の精神・所業が生まれてくる仕組み（つまり「公共的英知」創発の機序）を自己組織的に促しつづける「磁石作用」のことである。

そこには「〜あるべし」の人為操作的・規範的な介入はいっさいない。「〜あるべし」が論議の俎上に載せられたとたんにそれは政治行政的（ときには権力行使的）な言説空間へと移されてしまって、その「〜あるべし」に関われない者はその言説空間から排除されることとなる。「なされるべき」はむしろ「〜あるべし」から解き放たれた無垢の「いのち・こころ」「かたち」を「宇宙摂理」のハタラキに即して「〜なるべくようにならしめる」「〜あるべきようにあらしめる」ことである。求められるのは、「〜あるべし」ではなく、「国民」が連帯し合って、しかも、尊厳と尊敬をもって、互いが互いに「〜ありたし」

の生命論的次元で応答し合えるように「なる」こと、「ならしめる」ことである。そこにおいて各人ごとの「生きるかたち」は（「国のかたち」へと直線的に繋げられることはないにしても）「国家公共」という生き方へと（「磁石作用」のごとく）自律生成的・自己組織的に「むすばれ」（結＝産ばれ）ていく。

そこに「霊性的自覚」に覚醒した「英知公共人」が誕生する。「英知公共人」とは「英知公共圏」にあって「宇宙生命」（「宇宙摂理」）のハタラキに響応しつつ「公共生活圏」の各「圏域」に生命的活性を不断に備給しつづける者のことである。言いかえれば、「公共生活圏」を権力空間に変えてそこで人を知的罠に絡め取ろうとする権力行使的機制に対して断固としてノーを突きつけ、そうすることで「公共生活圏」の根柢にいつも・すでに「いのち・こころ」（「宇宙摂理」「宇宙生命」のハタラキ）の活性を呼び覚ます者のことである。逆に言えば、人がそのことを自覚するときこそが「霊性的自覚」に覚醒する瞬間（「霊性的世界」が披かれる契機）なのである。

「身わけ」

わが国には「身」という言葉がある。「身に沁みる」「身に覚えがない」「吾が身に振り返ってみれば」「他人の身になって考えれば」とかの「身」である。すなわち「身」とは、主体（主対）と客体（客対）とを繋ぐ媒質としての「存在のエレメント」である。人間存在の根源的あり様である「いのち・こころ」が「公共的英知」へと編成されるのはその「存在のエレメント」において体得される「**身体知**」によってである。そこには暗黙次元が明示次元へと裂開する瞬間の「身」の震えがある。「霊性的自覚」による「宇宙摂理」との響応（「宇宙生命」との共振）がある。その次元披展の境界面において主体的・主導的な「ハタラキのエレメント」となるのが「**身わけ**」（市川浩）という人間にとって根源的な「いのち・こころ」の営みである。

「身わけ」とは「宇宙摂理」のハタラキへの能動的応答である。そこにあるのは「宇宙摂理」を体現すべく（「宇宙生命」エネルギーをよりよく発現させるべく）、そこへと「身」を以って根源的回帰を図る「**出来事経験**」である（華厳仏教で言う「事事無礙法界」への悟入である…『華厳経』については後記）。

人は、宇宙コスモス（根源的闇である暗黙次元）との無限の隔たりの中で、しかしそれと響応しながら生命の不可思議を生きる。しかし、その不可思議を人は領有する（自由な操作対象とする）ことはできない。そこから「超越」への憧憬が生まれる。すなわち「宇宙摂理」への直参の希求である。そこには次元を超脱して不可思議を生きようとする「身わけ」の願望がある。人が「霊性的自覚」に覚醒する契機にはこの「宇宙摂理」（「宇宙生命」の霊性的神秘）に触れようとするパッションがある。「身わけ」とはその能動的・劇動的・自己覚醒的な成り行きに即した「**生きる構え**」の自律的自己編成である。「霊性的自覚」のハタラキ（「身わけ」の心的内実）とは、この「生きる構え」の自己編成への憧憬・希求・願望・パッションである。その憧憬・希求・願望・パッションから次に述べる

「身行」が生まれる。

「身行」

「身わけ」の具体的な身体運用（「体」「用」一元の「身のゼロポイント」での実存的身体体験）のことを「**身行**」と呼ぶ。一般的な「修行」もそこに含まれる。

われわれの日常には複雑多様で不確実な状況に応じた曖昧認識がある。そのことを自覚したうえでなおその曖昧領域の際（きわ）に「身」を晒して生きて行くのが往相的「修行」であり、その上で実存的所為として展開されるのが「布施」「廻向」などの還相的「修行」である。そこには明示次元（および形式次元）を能動的に生きつつ暗黙次元を受動的に気遣っている主体、つまり、「体」と「用」を繋ぐ「身のゼロポイント」を生きる「自己」がいる。感覚的な「身」を抽象化する（昇華させる）その果てに「本来の人間性」すなわち「存在のエレメント」としての「身」がそこに改めて洗い出される。この「身のゼロポイント」で演じられる「修行」「布施」「廻向」、その往相・還相の次元披展の場で演じられるのが「身行」である。

「身行」はその非日常~日常の結界の「場」に動的にして静寂な「かたち」をもたらす。すなわち「**言語知**」の世界の披展である。そこは大自然の写像としての小宇宙（「身」を包む小宇宙）である。ということは、そこがいつも・つねに「いのち・こころ」の性起する「場」へと返されるということである。すなわち、「言語知」世界は単なる「言説空間」に止まらないということ、モノ（暗黙次元）が引き起こす「いのち・こころ」の不可思議を自らの「身」に充満させようとする主体的「はたらきかけ」であり、われわれの生存そのものに関わる＜生─活世界＞の実存的出来事だということである。ここで言う「場」とは内と外を繋ぐ皮膜としての「知識情報」の「場」のことである。その境界づけられた**「知識情報」**場において、われわれは自他の「身」を感じ取り、その「身」体感覚を介して外部世界を知覚し、解釈し、同時に「存在のエレメント」としての「身」に改めて覚醒するのである。そこは人が主体的自己として日常を生きる「生活世界」であると同時に「宇宙生命」が「言霊」となって生活世界の全局面に「身」的呼応を呼び起こす「身体宇宙」でもある。この「言霊」（「宇宙摂理」「宇宙生命」「身体宇宙」のハタラキ）によって「言語知」「知識情報」は理性的かつ情念的な内部世界へと沈められ、内的に統一されていく。その認知フィードバックの促し、往還的自己訓練、そこから**「行動規範」**が生成される。つまり、「行動規範」とは、切り詰めた微細空間（「身体の零度」の場）に無限の世界（「宇宙摂理」「宇宙生命」「身体宇宙」のハタラキ）を抜き、そこに現出したモノの息づき（それは「言霊」として「霊性的自覚」によって覚知される）によって、（ともすれば明示次元、形式次元が陥りがちな）硬直化した世界を解きほぐし、展き直すハタラキである。そこには「宇宙摂理」「宇宙生命」と「身体宇宙」との共振の驚畏・悦びがある（後記する『華厳経』が説く世界がそれである）。こうして「行動規範」は「霊性的世界」への参入回路となる。（なお、付言するなら「身行」「行動規範」は丸山圭三郎氏の言う「言わけ」と解することもできる）。

「覚《さと》り」

この世の事はすべて「いのち・こころ」が作りだした「こと」である、「いのち・こころ」は宇宙138億年の歴史が作りだした「もの」である、「こと」は「もの」のあらわれであり「もの」は「こと」において自らを映現させる。「もの」「こと」は重々帝網（『華厳経』）、すべてはすべてとつながり相互映発する。そこに開かれるのが**「メタ言語知」「メタ知識情報」**の想念世界である。この世に無くてよいものは何一つ存在しない、照る太陽も、夜空を輝かせる星々も、吹く風もそよぐ樹々も、流れる水もそこに棲む魚も、草むらに鳴く虫たちも、路傍に転がる石くれさえも、みな宇宙138億年の「いのち・こころ」を「わたし」と共に生きる兄弟姉妹同士、宇宙生命リズムの共振体同士だとする想念世界がそれである。**「覚り」**とは（つまり、人が「霊性的自覚」に覚醒するのは）、〝いま・ここ〟においてその「いのち・こころ」の豊穣・悦びを追体験（メタ認識）することである。

われわれはそこから改めてこの現実世界へ身を転じ、思いを新たにして自らを律する**「生活規範」**へと自身を駆る。かくしてわれわれの日々の〈生―活行動〉は「宇宙生命」のハタラキそのもの、138億年の「宇宙生命」がこの瞬間においてわが「身」において映現・映発する「行為体験」「出来事経験」となる。要するに、「覚り」とはその「行為体験」「出来事経験」「知識情報」「メタ知識情報」を「暗黙知」「身体知」「言語知」「メタ言語知」によって意味づけし価値づける「いのち・こころ」のハタラキの「こと」である。それによって日々の生活が「わたし」にとってかけがえのない

「もの」となる。「英知公共圏」における「英知公共人」の心根にあるのはこの「もの」「こと」融即の「覚り」である*。

*華厳経、大日経、胎蔵経、金剛頂経、観音経、法華経、涅槃経、浄土経、すべての「経」は同じ構造をもっている。往相還相、行き着いてそこから反転する、その総体プロセスが「覚る」ということの内実である。われわれが「いのち・こころ」を以ってする「身わけ」「身行」はその「覚り」へと通じる往還である。次の「第五章」で述べる大妻良馬の「霊界建設」思想にはこの「もの」「こと」融即の「覚り」がある。

「覚り」についてはつぎのような言い方がなされる。共同体が強いる現実的制約を理性的に受け止め、メンバーの「いのち・こころ」の希求を情念的に受け入れ、その相互作用を通して共同体とメンバー双方の利益に資すべくその集団的論理を重層的に決定するのがわれわれの日常的生き方である。その日常へ「身行」をもって切り目を入れる、その切り口からイマージュが迸り出る、そこに深層意識の絶対無分節次元が千々様々に映現される。そこが「いのち・こころ」を抜きつつ「身」が展かれる∧「霊性的世界」の抜け∨（暗黙次元裂開）の現場である。その根源体験がすなわち「覚り」である。つまり、「覚り」とはわれわれの日常的営為から切り離された迂遠な体験なのではない。大妻良馬の「霊界建設」思想も日常的営為のなかでの根源的体験の謂いである。

「霊性的世界」の抜《ひら》け

以上を念頭に置きながら以下で「霊性的世界」の抜けの現場を見ていくこととする。そこにはイデオロギー的（ないしはカルト的）な偏倚《へんい》はいささかもない*。むしろわが国の文化的伝統に深く根差している*。

*宣長は『古事記伝』で言う、「誰も誰も、天地の自然の理にして、あらゆる物も事も、此の理をはなるることなしとぞ思ふめる、そはなほ漢籍説に惑へる心なり、漢籍心を清く洗ひ去りて、よく思へば、天地はただ天地、男女はただ男女、水火はただ水火にて、おのおのその性質情状はあれども、そはみな神の御所為にして、然るゆえのことわりは、いともいとも奇霊く微妙なる物にしあれば、さらに人のよく測知べききはにあらず」。

ここでは儒教的な「理」に代えて、「人のよく測知」することのできない「奇霊く微妙なる」「神の御所為」がすべてを「然らしめ」る「ことわり」が説かれている。この「ことわり」をわれわれのコトバに置き替えれば〈「宇宙摂理」のハタラキ〉となる。すなわち、「霊性的自覚」による「霊性的世界」の覚知であり、「霊性的絆」の確認であり、「いのち」「こころ」の共振体験であり、「もの」「こと」融即の覚り体験である。われわれはそれをただ「神の御所為」、すなわち、ありのままの自然摂理のハタラキと観ずれば足りるのであって、そこに人為の賢しらな「理」を加えることはない。「理」を加えたところでそれは所詮「イデオロギー的偏倚」、ときには「カルト的自己惑溺」でしかない。

「家族・地域・組織・仲間」の「公共生活圏」は現に「霊性的世界」のハタラキで充たされている。そこにあって具体的日常を生きている「公共生活者」たちは（自身は気づいていなくても）事実として「霊性的自覚」「霊性的世界」の覚知者同士、体現主体同士なのである*。

*「いのち・こころ」の次元披展の現場において生成される「生きるかたち」、「身わけ」の現場で体現される「生きる構え」、「身行」の現場で体得される「行動規範」、「覚り」の現場で体得・体現される「生活規範」は、それぞれ霊性的次元において互いに通底し合っている。それが「公共生活者」たちを「霊性的絆」で結ぶ機縁となる。

その**「霊性的絆」を互いが「もの」「こと」融即的に覚知できたとき（たとえ無意識下であったとしても、それが互いの「信」を支える）、日本的な「束ねの原理」「調停の枠組み」が可能**になる*。

*中世において「束ねの原理」「調停の枠組み」が改めて求められたとき、「神道」「仏教」では（ともに霊性に覚醒することで）「根源的一者」を志向する改革運動が起こった。法然・親鸞の浄土信仰、栄西・道元の禅、日蓮の法華主義、「神道」では「伊勢神道」…内宮の「天照大神」に替わって渡会氏が祭祀する下宮の「豊受大神」を宇宙根源神とする「神道」…などがそれである。∧「霊性的自覚」・「日本的霊性」＝「生きるかたち」「生きる構え」「行動規範」「生活規範」＝「国のかたち」∨において∧＝∨等式の成立を証するのが「根源的一者」としての「霊性的世界」のハタラキである。

「霊性的自覚」の覚醒者同士、すなわち「霊性的世界」の体現主体同士が互いの「霊性的絆」を再確認するなかで、「束ねの原理」「調停の枠組み」（いずれも「自己供犠・贈与・謝恩・奉仕」＝「協力同心・相互信頼・相互理解・相互支援」の精神・所業によって支えられる）は改めて霊性的に裏打ちされることとなる。言いかえれば、「霊性的絆」によって結び直された「束ねの原理」「調停の枠組み」によって「自己供犠・贈与・謝恩・奉仕」＝「協力同心・相互信頼・相互理解・相互支援」の精神・所業に新たな霊性的内実が与えられる。それによって「公共的英知」は霊性的深みを帯びることとなる。その相関を改めて図解すれば〈図12〉のようにまとめることができる。

「霊性的世界」の抜けが「霊性的絆」の確認を通して「束ねの原理」「調停の枠組み」へと連接されるのは、先ずは「いのち・こころ」のハタラキによってである。「霊性的世界」が抜く「いのち・こころ」は次元披展の境界面における主体的・主導的な「生きるかたち」となり、「自己供犠」＝「協力同心」の精神・所業の源境となる。この「いのち・こころ」のハタラキによって「人心」の収攬が可能になる。

次いで、「身わけ」は「霊性的自覚」のハタラキとして「生きる構え」となり、無私の「贈与」＝「相互信頼」の源基となる。この「見わけ」によって「場」の整序がなされる。

「身行」は「宇宙生命」との共振（の驚畏・悦び）を介して硬直化した世界を解きほぐす「行動規範」となり、純粋な「謝恩」＝「相互理解」の源泉となる。この「身行」によって「事」の展開は支えられる。

「覚り」は「霊性的自覚」の覚醒によって〝いま・ここ〟において「いのち」の豊穣を体験することのできる「生活規範」となり、「奉仕」＝「相互支援」の所業へと連接されていく。この「覚り」

図12　「霊性的世界」の抜け

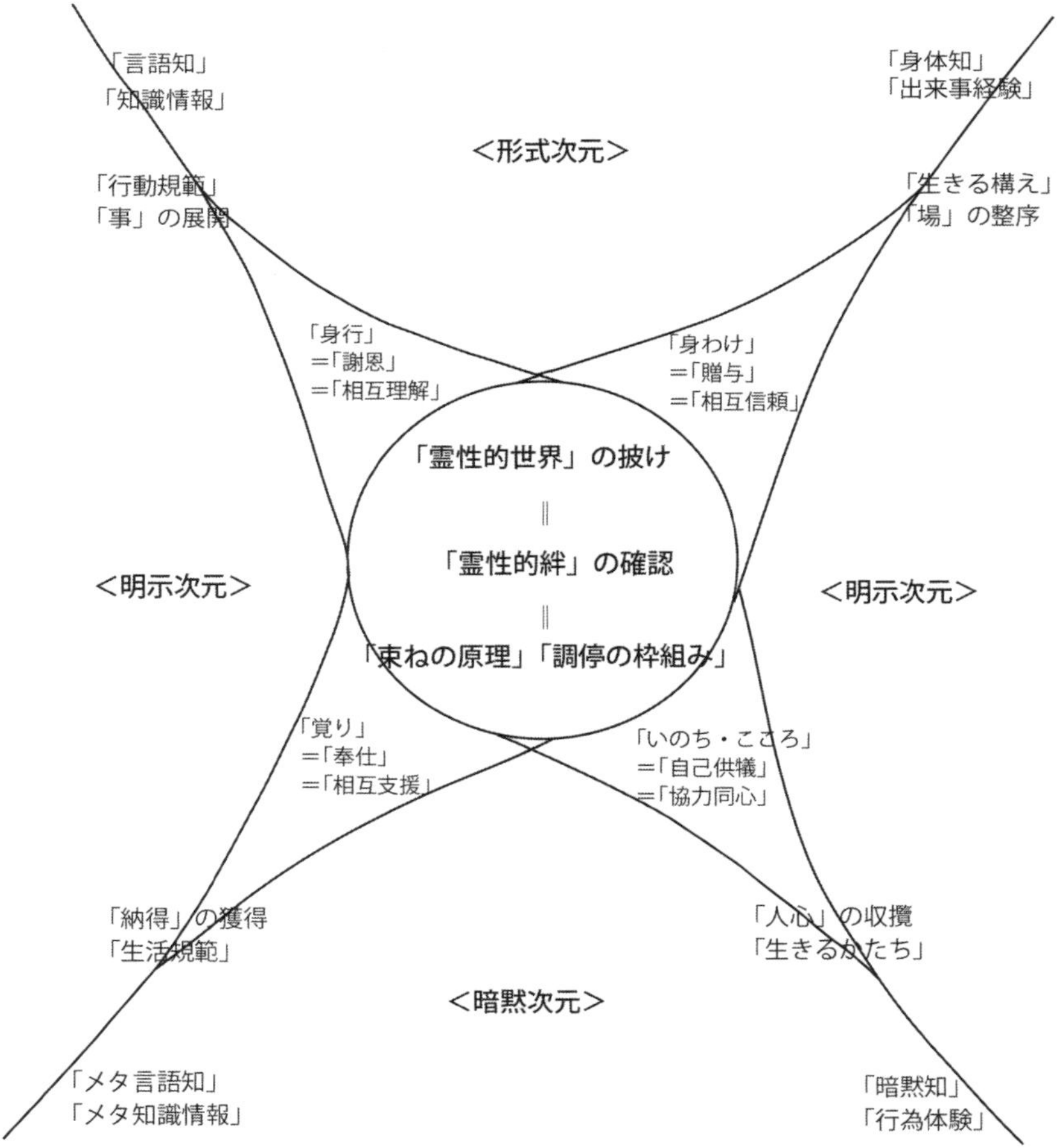

によって「納得」の獲得が可能になる。

こうして「いのち・こころ」・「身わけ」・「身行」・「覚り」と、「自己供犠＝協力同心」・「贈与＝相互信頼」・「謝恩＝相互理解」・「奉仕＝相互支援」の精神・所業と、「生きるかたち」・「生きる構え」・「行動規範」・「生活規範」、「人心」の収攬・「場」の整序・「事」の展開・「納得」の獲得がそれぞれに相互連接されたとき、**「霊性的世界」の奏でるリズムと相響応して「束ねの原理」「調停の枠組み」に改めて「生命論的活性」が賦与される。**

「生命論的活性」という観点から改めてその相関を見れば次のように整理できる。

「自己供犠＝協力同心」とは、自己をして没主体的に他者に依拠・随順せしめることを言うのではなく、「自己供犠」の主体的意思を以って「霊性的世界」の抜けの現場に自分の「いのち・こころ」を刻印すること、日常の営みを「宇宙摂理」のハタラキとして厳粛に受け止めそれを「生きるかたち」へと形象化することである。「人心」の収攬による「協力同心」の調達にはこの「いのち・こころ」のハタラキがある。

「贈与＝相互信頼」とは、厳然として存在する吾が「身」を無条件に他者一般へと「贈与」する（差し出す）ことである。そこにあるのは「霊性的自覚」のハタラキ、つまり「宇宙生命」のハタラキへの「相互信頼」である。その自己投企がすなわち「身わけ」である。そこにはヒト・モノあらゆるものが対称化される現代社会にあってすべてを非対称のまま受け容れようとする「生きる構え」がある。その純粋「贈与＝相互信頼」によって内実を与えられることで、いっさいの差別・排除が撥無された「場」の整序がなされる。

「謝恩＝相互理解」とは、吾が「身行」によってその「自己供犠」、純粋「贈与」が無償の「謝恩」行動として他者一般から受け入れられることである。そこにあるのは「宇宙生命」との共振の悦びである。そこにおいて形成される「相互理解」に裏打ちされた自生自律の「行動規範」にはいささかも強制・強要はない。「事」の展開において他者とともに在ることを悦ぶ自己がそこにいるだけである。

「奉仕＝相互支援」とは、他者に対する具体的な行為の一々を言うのではない。自身が他者一般からの「自己供犠＝協力同心」・「贈与＝相互信頼」・「謝恩＝相互理解」によってすなわち他者からの「納得」の獲得によって支えられていることを「覚り」知って、ということは「霊性的自覚」の覚醒によって、自らが「奉仕＝相互支援」の主体たることを自らの「生活規範」として「自覚・決意」「覚悟・志」を以って吾が身に引き受けることである。

こうして成員各人は自ら「束ねの原理」「調停の枠組み」の体現主体となる。

「霊性的世界」の位相

「霊性的自覚」に覚醒するとき、人はこの世に孤立して存在するものは何ひとつなくすべてはすべてと繋がっていることを覚知する。

たとえば『**華厳経**』の説く「事事無礙法界《じじむげほっかい》」、「相即相入」、「一即多・多即一」、「一中多・多中一」

を参照例としながら（「霊性的自覚」に覚醒する契機はほかにも無数にあってよい。『華厳経』はあくまでも一参照項である）以下でその「覚知」の内実を見ていくこととする。

『華厳経』が説くのは「宇宙摂理」と相即相入する「体・用」一元のハタラキである。**「事事無礙」**とはすべてが相互生成的無限連鎖の「関係性」にあるということであり、**「相即相入」**とはわれわれの「体」（からだ＝いのち）とその「用」（はたらき＝こころ）とは吾が「身」において他者のそれと「関係的自立性」＝「自立的関係性」の相において互いに一つだということであり、「一即多・多即一」とは「体」の側面から、「一中多・多中一」とは「用」の側面から、その「身」のハタラキを「霊性的自覚」（「いのち」「こころ」の次元）において抱握的・一挙的に捉えることである。そこから無限に豊穣な「霊性的世界」が開かれる。

『華厳経』の世界観は**「重々帝網」**である。つまり、この世は次々に生成変化していく「行為体験」「出来事経験」「知識情報」「メタ知識情報」の抱握的連鎖であり、すべてが互いに相互映発し合う「関係性」の成り行くダイナミクスのなかにあって、人は何とかして「自立性」自己を把持しようとして生きている存在だということである。そこでは「関係的自立」という生き方は「宇宙生命」との共振体験のことであり、「自立的関係」とは互いが「宇宙摂理」に内属する存在同士であることを「霊性的自覚」をもって改めて相互確認し合うことである。

人は「宇宙生命」の分有体としてそれぞれの「いのち」を生かされている。「宇宙生命」はわれわれの「いのち」の根源である。**「宇宙生命」は自らを裂開させて「わたし」という「いのち」を映発**

させ、「わたし」という「いのち」となってこの世にその「いのち」を顕しているのである。かくして「わたし」は「宇宙生命」の「いのち」をわが「身」に映すことで自らの「いのち」を輝かせる存在となる。われわれは互いに互いの輝きを映し合うことでそこにまたひと際の光彩を添え合う。人は独りで、自力で輝いているのではない。『華厳経』が説くのはその「重々帝網」である。すべてはすべてと映発し合って間然するところがない、そういう意味で人は「重々無尽の縁起の世界」を生きる「関係的自立＝自立的関係」存在者同士なのである*。

*『華厳経』は、**〈総―別〉**、**〈同―異〉**、**〈成―壊〉の六相円融**を説き華厳一乗の世界を明かす。「**総**は即ち一舎、**別**は即ち諸縁、**同**は即ち互いに相違せず、**異**は即ち諸縁格別、**成**は即ち諸縁果を弁ず、**壊**は即ち各々自法に住す」。

これを「関係的自立＝自立的関係」の観点から意訳すれば次のようになる。

〈関係性は全体であり自立性は各別である。自立性は関係性あっての自立性であるがしかし関係性と同一ではない。自立性はそれぞれ別でありつつ一致協力して関係性全体を構成するという点ではしかし同一である。関係性全体は自立性各別をその自立性を保ちつつ成り立たせる。〉

すなわち、「全体は個別より成り、個別は協力して全体を成し、個別は夫々でありつつ全体を結果する」。これが『華厳経』が説く「一即多・多即一」・「一中多・多中一」の「重々無尽」・「重々帝網」の世界構造である。そこには六相円融の世界把握がある。六相円融とは「一毛孔に全宇宙が具わり、一塵に全宇宙が宿る」とする**華厳一乗の世界把握**である。この世の事象はすべて「宇宙摂理」のハタラキであり「宇宙生命」の顕現であるとするわれわれの立場はこれと通底している。そこにあるのは「一即一切・

一切即一」・「一入一切・一切入一」の「相即・相入」・「無礙自在」の華厳世界であり、それは華厳独特の「修証一等」、「信満成仏」、「初発心時・便成正覚」の修道論に繫がる。古くは聖徳太子をはじめ、平安時代の空海や最澄、鎌倉時代の法然、親鸞、日蓮、道元などの宗教思想も根底においてこの華厳的世界観に通じている。本書の言う「霊性的自覚」「霊性的世界」、「宇宙摂理」「宇宙生命」もそこに連なる。

日常生活局面においてわれわれ各自が「霊性的自覚」をもって無意識裏に行っているその「霊性的世界」の自覚体験、すなわち**「すべてはすべてと繫がっており、相互に嵌入し合い溶融し合っている」という「いのち・こころ」の次元での世界把握**もこれである。このことを角度を変えて以下もう少し見ていくこととする。

人が日常を営む生活世界は暗黙次元・明示次元・形式次元の三次元からなる。華厳哲学における**〈識・性・相〉**もこの暗黙次元・明示次元・形式次元との関わりで捉えることができる。その相関をマトリクスで示せば次「表」のようになる。

〈識〉は、「阿頼耶識・蔵識」として暗黙次元（「霊性的自覚」のハタラク次元）に、「現識・境界識」として明示次元（現世での意識次元）に、「分別事識・転識」として形式次元（日常の分別次元）にそれぞれ関わる。つまり、暗黙次元の**「阿頼耶識・蔵識」**は明示次元へと映発して「現識・境界識」となり、形式次元へと映発されて「分別事識・転識」となる。

	＜識＞	＜性＞	＜相＞
形式次元	分別事識・　転識	遍計所執性	**転相**
明示次元	現識　・　境界識	**依他起性**	業相
暗黙次元	**阿頼耶識・　蔵識**	円成実性	真如

〈性〉は「依他起性」として明示次元に、「円成実性」として暗黙次元に、「遍計所執性」として形式次元にそれぞれ関わる。つまり、明示次元の「**依他起性**」は暗黙次元へと反照して「円成実性」となり、形式次元へと映発して「遍計所執性」となって顕われる。

〈相〉は「転相」として形式次元に、「真如」として暗黙次元に、「業相」として明示次元にそれぞれ関わる。つまり、形式次元の「**転相**」は明示次元の「業相」へと反照し、暗黙次元の「真如」を輝かせる。

仏教思想に一般的な**〈空・仮・中〉**の世界把握もこの三次元による世界把握と解することができる。すなわち、**〈空〉**は無限の豊穣としての絶対無、すなわち暗黙次元の蔵する「真理」であり、**〈仮〉**は暗黙次元がこの世の明示次元へと映現する「仮相」であり、**〈中〉**は暗黙次元・明示次元が形式次元世界において自らを映発するその「本性」であるとする解釈である。仏教はこの〈空・仮・中〉の三諦円融をもってこの世のすべての「因縁」を説き尽くす*。

*「因縁」は**十二因縁**に分けられる。その十二因縁を一覧的に図解すれば〈図13〉のようになる。人生とはこれらの因果を巡る劇なのである。
〈図〉にある「**無明**」「**行**」は空（界）としての過去世の二因縁、「**識**」「**名色**」「**六処**」「**触**」「**受**」は仮（界）としての現在世の五因縁（苦果）、「**生**」「**老死**」は同じく

図13　十二因縁

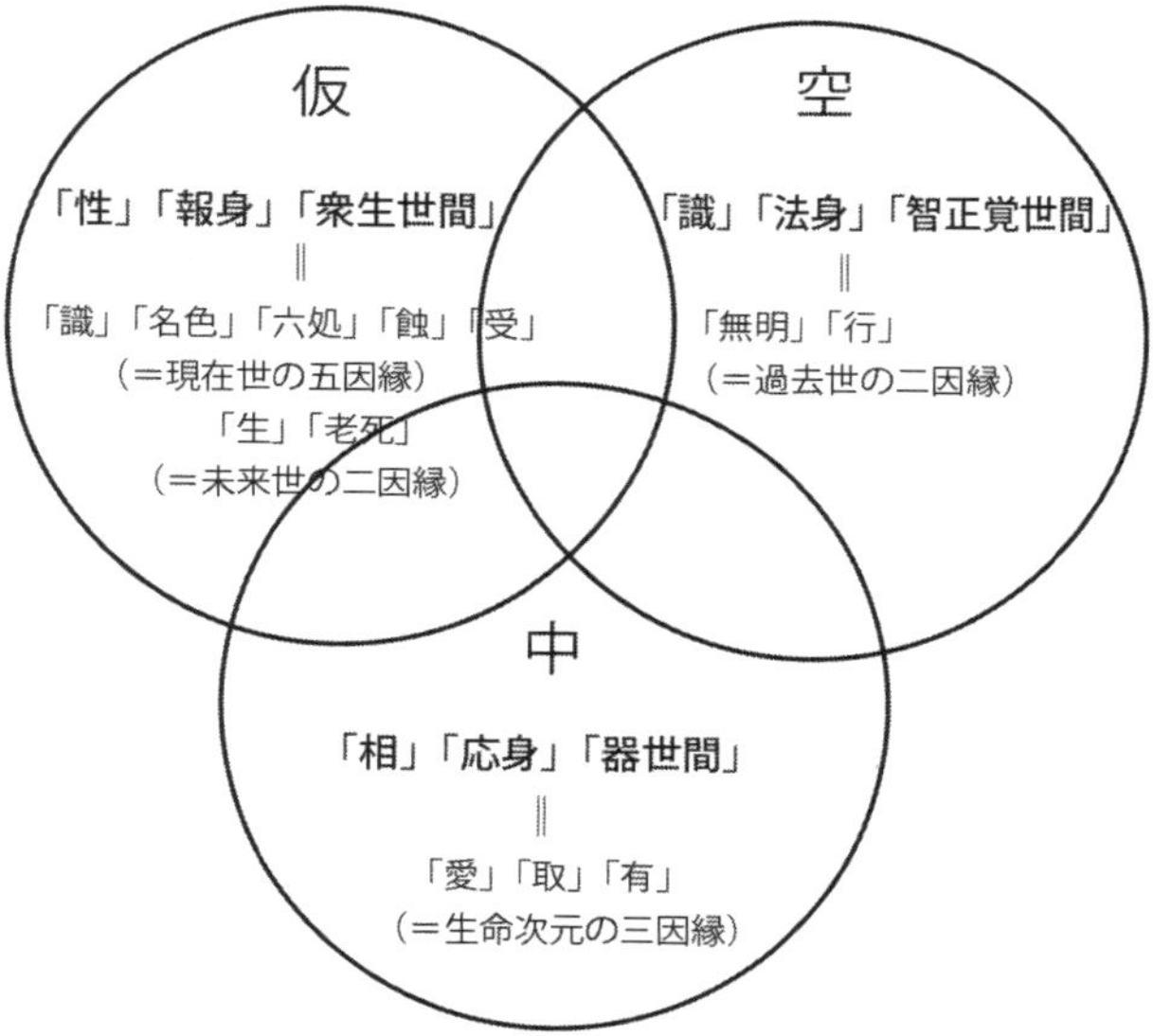

仮
「性」「報身」「衆生世間」
‖
「識」「名色」「六処」「触」「受」
（＝現在世の五因縁）
「生」「老死」
（＝未来世の二因縁）
空
「識」「法身」「智正覚世間」
‖
「無明」「行」
（＝過去世の二因縁）
中
「相」「応身」「器世間」
‖
「愛」「取」「有」
（＝生命次元の三因縁）

仮（界）としての未来世の二因縁（苦果）、**「愛」「取」「有」**は中（界）としての現在の生命次元を表徴する三因縁、計十二因縁とされる。

つけ加えるなら、儒教も世界を三次元で把握する。『論語』「泰白」に、「子の曰わく、詩に興り、礼に立ち、楽に成る」とあるごとくである。『論語』「陽貨」に「詩は以って興すべく…」とある。「詩」は本来「呪誦」的性格を有するものであって「呪霊」をよび興すもの、すなわち暗黙次元を立ち現われさせるものである。

「礼」は「秩序」「儀礼」「礼制」であって明示次元の「定め」である。「礼節を知り衣食足りて則ち栄辱を知る」（『管子』）の「礼節」、「安上治民は礼より善きはなく…」（『孝教』）の「礼」である。

「楽」は本来は音楽の「楽」であるが、同時に「たのしむ」「このむ」「かなう」「やわらぐ」「ねがう」なども意味する。「天倫の楽事」「耕鋤の楽趣」と詩語にあるように形式次元におけるありのままの安らぎを楽しむ境地を言う。「天を楽しむ者は天下を保ち、天を畏る者はその国を保つ」（『孟子』）に言う「楽しむ」に相当する。「移風易俗は楽より善きはなし」（『孝教』）の「楽」には、音楽の「楽」と「よろこぶ」の「楽」とがともに含まれている。「礼を云い礼と云うも玉帛を云うならんや、楽を云い楽と云うも鐘鼓を云うならんや」（『論語』「陽貨」）とあるように「楽」はかならずしも「音楽」の「楽」のみを指すのではない。このように、「詩」＝暗黙次元、「礼」＝明示次元、「楽」＝形式次元と解釈することができる。

キリスト教にも「父」「子」「聖霊」の三次元構造がある。このように見てくると、われわれの三次元世界把握はいっそう意味内容が豊かになる。

以上を踏まえて、「霊性的世界」が現実世界とどう関わるかの相関位相を改めて捉え直せば次のように要約できる。「霊性的世界」を「宇宙摂理」のハタラキの世界と読み替えれば現実世界との相関位相はさらにはっきりする。ここに開かれるのは日本の伝統文化に親しい世界である。

《人は、在るものが有るがままに「霊性的世界」の自己開示、すなわち、「宇宙生命」の自己顕現と受け取れるような境位に到達すると自分の周りで生起する日常の現象すべてが「霊性的世界」の自己開示の瞬間々々であり、自分という存在はつねに「霊性的世界」から呼びかけられている（「宇宙生命」と響応し合っている）と理解できるようになる。すなわち、生きとし生けるもの、人の世に生起するあらゆる事象が「霊性的世界」のハタラキであり、「霊性的世界」は日常の生活世界へと示現し、生活世界は深く「霊性的世界」に根を下ろしているという世界把握である。この「霊性的世界」と日常の「生活世界」との往還・通底こそが人間にとって「いのち・こころ」の「かたち」づけの現場、すなわち「生きるかたち」「生きる構え」「行動規範」「生活規範」形成の現場であるということが味得できるようになるとき、人はそこにおいて「宇宙生命」との共振体験を通して、互いが「霊性的世界」のハタラキに内属する「関係的自立＝自立的関係」存在者同士であることを「霊性的自覚」（「こころ」のハタラキ）をもって相互確認することができる。そうなれば人は、「公共生活圏」の「公共生活者」として、「英知公共圏」において「公共的英知」を体現する「英知公共人」として、「国のかたち」の成形主体として、「関係的自立」存在＝「自立的関係」存在の〈＝〉を成り立たせる

媒介項・連結項の役割を自ら進んで引き受けることとなる。≫

「霊性的自覚」が開く世界――「宗教」世界の開け

「いのち・こころ」「身わけ」「身行」「覚り」のプロセスを経て、あるいはそのプロセスのなかで、人は「霊性的自覚」に改めて覚醒する。その霊性的体験において深層意識の無分節次元（暗黙次元）が改めて喚び起こされる。それは、**わが「身」において暗黙次元が「裂開」し、明示次元が「披かれ」、形式次元が「展かれる」、その「いのち」の世界の「裂開」「披展」**の体験である。その「体験」は「霊性的自覚」によって覚知されるしかない。そこが**「宗教」世界の「開けの現場」、人が「宗教」に覚醒する「瞬間」**である*。

*「霊性的世界」が自己裂開・披展して束の間この世に示現するのが「わたし」の〝いま〟の「いのち」だとするなら、その裂開・披展の〝いま〟こそが「わたし」の「いのち」が輝く現場であるはずである。「わたし」という「いのち」は、宇宙のなかの銀河系、そのなかの太陽系の一惑星である地球上にたまたま生まれ出た一つの「いのち」である。宇宙が生命体であり、地球もまたその中の一つの生命体だとするなら、「わたし」の「いのち」はその宇宙大の「いのち」の極微の分有でありその微塵の映現だと言ってよい。その宇宙生命が「わたし」という「身」において束の間見る夢が私の「いのち」であり、それが「わたし」が「生きている」という現象にほかならない。そして、宇宙生命が「わたし」という

その夢から醒めるとき、それが「わたし」が宇宙生命の太源へと帰還する（回収される）ときである。すなわち「わたし」の「死」という現象である。そこへと思いを致すときそこに「宗教」世界が開かれる。しかし日常のなかでそういう機縁が結ばれるにはわれわれの側にその用意がなくてはならない。平素から「霊性的自覚」（「こころ」のハタラキ）を磨いていてはじめてどんな小さなサインからも「宇宙生命」の響きを聴き取ることができ、それとの共振を実感することができる。ルターにおける雷鳴体験、西行の出家における友人の突然死、ニーチェのデウス・エクス・マキーナにおける「永遠回帰」体験、ヴァレリーの「ジェノヴァの夜」の稲光体験などがそれである**。

われわれという存在は「宇宙生命」のこの世への映現であり、そしてやがて「宇宙生命」に帰入し、終にはそこに憩う。それは永遠の救済だとしても、現に〝いま〟を生きているわれわれにとって、それだけでは心の平安は得られない。「宇宙生命」裂開の瞬間われわれは「宇宙生命」の太源から根切りにされたのではなかったか、また、日常の「生活世界」披展のときわれわれは身軽になるため大切なものを脱ぎ捨て代わってさまざまな知的装備・制度的鎧でわが身を守ったことで「宇宙生命」のハタラキから切り離されたのではなかったか、それによって本来の「いのち」の無垢を穢《けが》し自身の「霊性的自覚」を晦ませたのではなかったか、この不安感や座礁感は〝いま〟を生きるわれわれにとって根源的な不安、畏れ、諦念である。そこから人は宗教「世界」の開け**へと導かれる。キリスト教の〝原罪〟とはその不安・畏れ・諦念の上に正しく意識を留めることを言うのであろうし、仏教の〝懺悔〟とはその自覚の上につねに新しく自己を生き直すことなのであろう。原罪についてはキリスト教には赦す神がいる。懺悔については仏教には大悲の心で抱き取ってくれる仏がいる。そこにおいて「自己供犠・贈与・謝恩・奉仕」＝「協力同心・相互信頼・相互理解・相互支援」の精神・所業はそのまま仏教の「慈悲」に、キリスト教の「愛」に繋がる（大妻コタカの「観音信仰」もそこに通じる。コタカは自ら「観音の化身」となって、自身を「自己供犠・贈与・謝恩・奉仕」＝「協力同心・相互信頼・相互理解・相互支援」の精神・所業へと献身せしめた）。この一連の自己覚醒の根柢には「無知蒙昧の凡夫」たる自己への深い宗教的諦念（法然・親鸞）がある。世界宗教はみなこれと同じ構造をもっている。そこに共通してあるのは「宇宙摂理」への絶対的な信（「宇宙生命」との響応）である。日本古来の「神道」も同じである、そこにはすべてを受け容れる（ときには罰するという「かたち」で）「神」がいる。

　われわれは「宇宙生命」からつねに呼びかけられている。「宇宙摂理」のハタラキの世界に生かされている。ただそれと気づいていないだけである。われわれの住む「生活世界」の深奥（背後世界＝暗黙次元）、そこには計り知れない「宇宙生命」の無意識世界が広がっている。「生活世界」を〝光〟の世界とするならその「宇宙生命」世界は〝瞑暗〟の世界である。たとえ無宗教者であってもわれわれは現にこの〝瞑暗〟の「宇宙生命」世界から不断に〝光〟を照射され〝生のエネルギー〟を備給されている。「宇宙生命」世界から響き出るリズムと共振しながら、その声に耳を傾けながら、われわれはそれぞれに〝いのちの詩〟をうたって生きている。

　詩人ステファン・マラルメは友人アンリ・カザリス宛ての手紙にこう書いている。

「われわれは物質の空しい形態でしかない。しかし、これは実に卓越した形態なのだから物質の演ずるこの劇を、僕は僕自身に上演してみせたいと思っている。自分が物質であることを意識しつつ、しかも一方、夢中になって、自分でもそれが存在しないことを知っているはずの当の「夢」のなかに飛び込んで、「虚妄の栄光」または「栄光にみちた虚妄」を必死になってうたうだろう」。「私はいまや非人称であり、君の知っているステファンではなく――かつて私であったところのものを通して、精神的宇宙が姿を映し、展開する、精神的宇宙の一能力なのだ。」（柏倉康夫訳：『テクストからイメージへ』〈京都大学出版会〉所収）。「物質の演ずる劇」は「宇宙生命」のハタラキである。ここには「精神的宇宙」と響応する「〝いのち〟の悦び」の「うた」がある***。

***生きとし生けるもの、人の世に生起する事象すべてが「宇宙生命」の「うた」をうたっている。暗黙次元は明示次元へと示現し、明示次元は暗黙次元に深く根を下ろしている。明示次元は形式次元へと陥入し、形式次元は明示次元によって支えられている。そこに反復される次元往還、人が「霊性的自覚」（「いのち」「こころ」のハタラキ）に覚醒するのはそこにおいてである。

　そこは、生成と解体とが同時に反復生起する無限循環運動の場である。解体があってはじめて新たな生成がある。人は不断に自己解体しつつ、つまり象徴的な死を死につつ、繰り返し新たな自己を再生して生きる。われわれは無意識下にその再生の記憶を折りたたみ、それを反復想起しながら「間」の思念を深め「間」の感覚を研ぎ澄ませていく。その「間」に「霊性的世界」（「いのち」の次元）が開かれる。つまり、端的に言って、暗黙次元と明示次元・形式次元とが互いに通底し合い往還し合う「間」こそが「霊性的自覚」（「こころ」の次元）が開く豊穣の現場なのである。

　このことに関連して田辺元は『死の哲学』の中で概要次のように言う。「死者への思いや愛を大切に胸に収めて生きる生者は、死者の霊魂とともに実存協同の今を共に生きているのである。その時、死者は生者の中で「死復活」を行じているのである。言い換えれば、汝が死者をして汝のうちに「死復活」を行ぜしめているのである。かくして、汝もまた、死者とともに「死復活」を共に生きる者となる。それだけではない。その自他協同の「死復活」の中で、人は自らの有限性を深く自覚し懺悔して、自分もまた来るべき後生（来者）たちのために「死復活」の実存協同を生きるに値する者たるべく、目前の他者のために自己犠牲の施与を行うこととなる」。ここには死を生のうちに不断に折り畳みながら「間」を生きる「死生一如」の生き方がある。

　そして、そのさらに深奥には「宇宙摂理」のハタラキへの随順という民俗学的思念がある。その根底には「日本的霊性」への信、随身がある。国民を結束させるには「核」となるべき共通の「魂のふるさと」が要る。折口信夫はそれを探究する****。

**** 折口信夫の国文学・民俗学は、「宇宙摂理」のハタラキを全身体的思考によって受けとめ、それを心の「まなざし」をもって捉えようとする学問である。そこでは「和学」「国学」は再編成される。(『魂の古代学　問いつづける折口信夫』上野誠〈新潮選書〉を参照、以下も同じ)。

「折口は、古典研究ごとに『万葉集』研究と民俗学の結合によって、新しい国民統合の「神学」、民族統合の「神学」のようなものを作ろうとしたのである」。「折口は、「日本」「日本民族」「日本文化」「日本美」という枠組みで、時代を超えた日本文化の総体を一つの仕組み、構造体として統一的に説明しようとしたのであった」。「折口が目指したのは、今と自分に繋がってゆく「国民」や「民族」の歴史を記述してゆくことであった」。「蔑みのまなざしを向けられる同朋たちこそ、日本文化の担い手であったと喧伝することで、逆説的に国民統合、民俗統合の神学を作り上げたのである」。

問題は、われわれの「魂のふるさと」を現世へと媒介するものは何かである。(折口はそれを「妣《はは》が国」(本つ国、根の堅洲国、闇、底知れぬよみの国、死の国)、「しじま」、「まれびと」、「精霊」、「他界」、「異郷」、「心の中に渦を巻いている内容」、「全体に鳴り響く生命」、「神の発する呪言(よごと・のりと)」、「来臨する霊魂」、等々と呼ぶ)。依代・招代、来訪者(ホカヒビト・マレビト・ミコトモチ)、翁(「国家公共」の師表たらんとする者も〝翁〟の役を担う)、旗指もの、だし、まとい、(現代なら社章、バッジ、ロゴ、エムブレム、など)がその媒介機能を担う。

折口によれば、「マレビト」は海の彼方(海彼の異郷)から訪れるとしたのが古い型であるが、後には天上(天の異郷＝高天原)から(あるいは他の地域から)来臨するという考えに変わってきたとする。

海岸人が山地人へと移り住んだ経緯によると折口は言う。その「マレビト」が次第に向上して「天上の至上神」（高天原）を生み出すと折口は見る。「国民統合」の「神話」にそれは反映される。

折口は、古代人の内的生活（古代生活の特殊性）を「やまとごころ」「いろごのみ」で説明する。「万葉びと」の理想の神として大国主を挙げ、その最古層にはスサノオ（大国主）の霊魂（たましひ）があるとする。そしてその「いろごのみ」「純粋な愛や怒り」の生活を説く。「倭なす神」の名で呼ばれるその神は、「やまとごころ」の発現者とされる。そこには霊魂信仰の要素が濃厚にある。「はつくにしらす・すめらみこと」の名で呼ばれる「日の御子」もその性格を継承するものとしてそれに当てはめられる。折口は日本固有の倫理の源泉をそこに見る。それが人と人の間、集団と集団の間を繋ぐのである（「ミコトモチ」）。力による支配被支配の関係はそこにはない。あるのは「いのち」の繋がりである。「いのち」を繋ぐもの、それは「霊性」である。そこから「霊性的世界」のハタラキに通じる。

個々の宗教・宗派の「信仰世界」に立ち入るのは本書の領分を超えるので、ここでは宗教・宗派を超えて人口に膾炙《かいしゃ》している**『観音経』の宇宙観**を例としてそれを見ておくに止める（学校法人　大妻学院の創立者である大妻コタカは浅草寺の信徒代表を務めた篤信の「観音信者」であることに因んでそうさせていただく）。

『法華経』第二十五品『観音経』の説く宇宙観、世界認識は＜図14＞に要約することができる。本図で上段に記載しているのは『観音経』の「偈《げ》」にあるそのエキスとも言うべき章句であり、‖の下段に表示しているのは広く庶民によって口誦されている『延命十句観音経』である。両者を重ね合わ

図14　『観音経』『延命十句観音経』

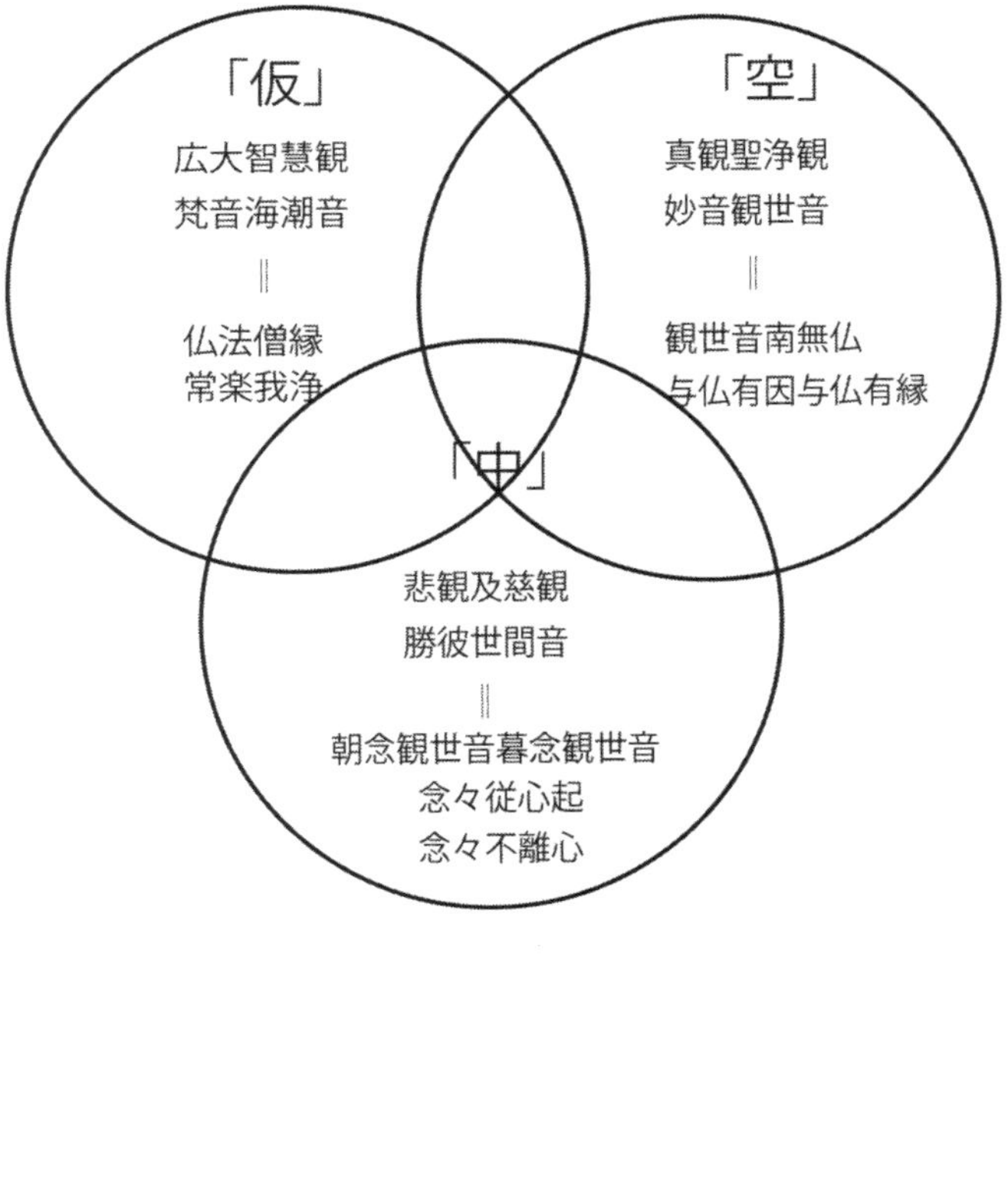

せて図解したものが〈図14〉である。

『観音経』の説くところ（上段）は、〈聖浄にして妙なる観世音は広大無辺の智慧であり、それは宇宙全体に海潮のごとく轟いており、その慈悲のこころは勝れてこの世間に充ち満ちている〉である。

『延命十句観音経』が説くのは（下段）、〈観世音に帰依する。すべては観世音と結ばれている。仏法僧の縁に結ばれて常楽我浄（「常住不変・離苦安楽・如来我・清浄界」）を生きる。（あるいは、「涅槃覚知・解脱達成・煩悩遮断・渇愛滅尽」を願う。または、我が清浄を常に願う）。常に観世音を念じ片時も忘れることはない〉である。

『観世経』が説く世界は端的に言って「宇宙摂理」の世界である。「観音世界」は「慈悲愛憐」「叡智」「清浄」で充たされている。われわれはそれを「**霊性的自覚**」**によって覚知するだけでなく、自身が「観音」の化身となって、その慈悲行に自ら日夜直参する（往相・還相）**。「宗教」世界の開け、「霊性的自覚」の覚醒はそこにまで届いている。

人間は所詮は欠如体（永遠の「いのち」を欠く存在）である。しかし、その欠如を何とかして埋めたいという渇望から宗教（信仰）が生まれる。死ぬべく定められた「根源的欠如体」であることを知る人間だからこそ永遠の「いのち」、すなわち愛・慈悲（「霊性的世界」を覚知する「霊性的自覚」のハタラキ）に覚醒することができる。『観音経』はそこへの導きである。この覚知・覚醒の体現渇望はすべての宗教・宗派に通底している。

『観音経』の背後には『華厳経』の説く「重々帝網《じゅうじゅうたいもう》」の宇宙観がある。観音信者には「宇宙摂理」「宇宙生命」のハタラキへの信がある。次の「第五章」で述べる大妻良馬の「霊界建設」思想の根柢にもそれがある。

《補注》「公共」と「宗教」

これまで一般的には「公共」と「宗教」とは緊張関係にあるものとされてきた。（そこにはもともと〈公~私〉の「間」の矛盾が内包されているとする理解がある）。また、一方では、「宗教」によって「公共空間」に亀裂が入れられる面と、他方では、「宗教」によって「公共空間」が活性化される面もあることが同時に認識されてもきた。どういう見方をするにせよ、そこでは、「公共価値」規範の侵食から「宗教的信条」の領域をどう守るか、あるいは逆に、「宗教的信条」によって「公共空間」がイデオロギー的に歪められことがないためにはどうすればよいかが問題とされる。それは西欧における「公共統治」論の中心的課題であった*。しかし、われわれの〈「霊性的自覚」＝「宇宙摂理」のハタラキ＝「宗教」世界の抜け〉はこの「問題」「課題」を包越している**。

*「公共圏」のあり方は「公共圏」固有の問題としてその内部でこそ論議されるべきで、そこに「宗教」

（イデオロギー的・超越的規範）を介入させるべきではないという考え方もあるが（ハーバーマス）、他方では、「生活圏」に「宗教」が介入するのは現実であるとしてこれを認める立場もある。しかし、そこにも次のようにいくつかの見解があり得る。

一、「原理主義」（自閉的・主観的なものに完全に閉じ篭った〈宗教性の脱制度化された形態〉）は「公共圏」と相い容れないが、「反省的信仰」（「原理主義」とは混同されることのない〈集団的な信仰生活〉）なら受け入れることは可能との見解（ハーバーマス）。

二、どんな形であれ「宗教」が介入することによって「公共圏」での「公共的理性」「公共的討議」はより内容豊かなものになるという見解（テイラー）。

三、「公共圏」での多様な意見の対立を「宗教」によって調停しようとするのではなく、むしろ「宗教」との「共棲」こそが目指されるべきだとする見解（バトラー）。

四、「公共圏」とは和解と相互理解を求めて互いが（ジャズにおけるジャミングのように）リズム共振のための訓練を行う場であり、したがって「宗教」もその共演者だとする見解（コーネル・ウェスト）。

（以上は、『公共圏に挑戦する宗教』ユルゲン・ハーバーマスほか／岩波書店をもとにして筆者なりにまとめたもの）。

** わが国の「神道」（「宇宙摂理」への信に基づく「神道」）はもともと「公共」に対して親和的である。「神道」には教義もなければ教祖もいないとされるが、そのためにかえって「権力機構」との緊張はない。「神道」と「公共」理念（「民の康福」…「宇宙生命」の十全なハタラキの保証）とはむしろ相性がよい。「仏教」においても、そこで説かれる「真如」はすべてを超越し、包摂しており、そこには相互包越があるばかりでそこにはもともと「公共」観念との間で対立緊張はない***。そういう意味ではわが国は「仏神一体」の国柄である****。

*** 空海に密教秘法を伝えて恵果は言う。「早く郷里に帰って、もって国家に奉り、天下に流布して蒼生の福を増せ、然れば即ち、四海平らけく、万人たのしまん。是れ即ち仏恩に報じ、師徳に報じ国のために忠、家に於いては幸なり」。ここでは「国家」「天下」「四海」と「郷里」「蒼生」「万人」とは相互包越し合って一つであり、「国のために忠」と「家においては幸」は価値同列に置かれている。ここには東洋的「公共」観念の原型がある。

天台本覚思想でも「すべては仏性をもちそのままの状態で仏性を顕現している」と見る。そこでは「宇宙摂理」のハタラキと現世所業とはひと繋がりである。空海は「三密加持」により「即身成仏」すると説く。密教での「法身大日如来」は「宇宙摂理」のハタラキであり、「即身成仏」は「宇宙摂理」のハタラキとの共振体験と見ることができる。

**** 古来の「日本神道」(列島の民俗的信仰)に大陸伝来の「儒教」・「道教」・「仏教」を習合させて聖徳太子が「憲法十七条」を制定する。そこには原初的な「公共」観念がある(前記)。徳川幕藩体制では保科正之が寺社整備を行い神仏分離政策を打ち出したが吉田神道と天台の山王一実神道の二流派によって幕藩体制下の神道体系は保持された。その徳川「神道」においても「公共」観念との間で対立関係はない。神・儒・仏の諸教・諸宗習合がわが国の国柄と言える。そいう意味では「明治維新」での「廃仏毀釈」はわが国古来の精神的伝統を無視し、これを根柢から破壊した「暴挙」であったと言ってよい。

では、現実問題として「公共統治」と「宗教」とはどう関わればよいのか。

「公共統治」における**「宗教的信条」**とは、〈自己規定（自己定義）の不可能性（無限定の多様性…偶有性）の極限まで自己を追い込みながら（あらゆる可能性に挑戦しながら）、またそこにおいて出くわす抵抗や課題に撥ね返されながらも、そこに見えてくる道を「自覚・決意」「覚悟・志」を固めて選び取りつつ勇気ある一歩を踏み出し、真率にその行程を辿る〉ことである。それは、〈往相還相の狭間に自己を把持すること（往相の目指すべき先は定かではなく、還相の為すべき業も見えない状態に耐え続けること）〉である。手探りしながら「自覚・決意」「覚悟・志」を以って一歩を前へと進めることである。それは**「霊性的世界」のハタラキの源境に立ち帰って、「宇宙摂理」＝「霊性的自覚」＝「公共統治」＝「国のかたち」＝「生きるかたち」のあり方（すなわち〈＝〉等式成立の根拠）を問う**ことに通じる。

「国のかたち」が崩れて見えなくなりかけているいま、「公共統治」のあり方如何が改めて問われているいま、曲がりなりにも**「国のかたち」が現に保たれているのは、そこにおいて「英知公共人」たる「国民」の「霊性的絆」はいささかも失われることなく、その「生きるかたち」「生きる構え」「行動規範」「生活規範」もまた崩されていない**からである。

付け加えるなら、「霊性的絆」は日本人のいわゆる「単一民族神話」「万世一系神話」などとは無関係である。**「霊性的絆」とは、日常生活局面の深層でハタラク「いのち・こころ」の次元**（「宇宙摂理」がハタラク次元、それとの共振体験）**を生きる者同士の「いのち・こころ」の「つながり」**（「霊性的自覚」の覚醒による高次意識レベルにおける共感体験）の謂いである。そこにはイデオロギー化された「正義」のような権力操作的観念が入り込む余地はない。「正義」を建前にしての「管理・統制・指示・命令」のような一方向的・権力行使的な統治作用が介入する余地もない＊。あるのは「宇宙摂理」のハタラキに共属する者同士の「悦ばしい共感体験」のみである。「宗教」世界が披かれるのはその〝悦び〟のときにおいてである。

＊「正義」は本来的に「権力」とは無関係である。「正義」とは強いて言えば、「自己反照的・相互反照的対話」を踏まえて「公共」というあり方を日常的実践の場で互いが保証し合うこと、ないしはその方途を公正に模索し合うことである。そこにおいて「自己反照的・相互反照的対話」が目指すのは「イデオロギー化された規範体系」などではない。また、普遍的＝客観的妥当性（規範的価値観念）への要請を充たさんがため互いの「間」に存在する差異性や偶有性を埋めてそこを平滑空間へと均すことでもない。もしそういうことになれば、やがて人は「知」を操作する技法を習得し、それを操作することで、あたかも「パズルを解くように」して明示次元・形式次元を生きて行くようになる。「世間を知る」とはこうして「パズルの解き方」を体得していくことだとされる。そうなれば、自ら「パズルを作製」して人を知的操作の罠にかけようとする「偽―権力」が現れるにはほんの一歩である。こうして人は「知的権力行使者」になろうとする。明示次元・形式次元はそうして「権力空間」となり、そこでは「霊性的自覚」は晦まされる。大事なのはそうならないよう、少なくとも「霊性的自覚」が貶められることがないよう、**人間の根源的複数性・多様性を尊重し合うことを「霊性的自覚」を以って（さまざまな論点・視点・局面において）互いが確認し合い承認し合うこと**である。

要するに、「公共生活圏」にあって「公共生活者」はつねに「霊性的自覚」をもって「より妥当なもの」

（と互いが信ずるもの）へと到るプロセスを相互保証し合うのである。それは、**「公共生活圏」にありつつ「霊性的自覚」が捉える「宇宙生命」に響応することで、不断に「生活世界」（明示次元・形式次元）を賦活化させる生き方**である。「霊性的自覚」に覚醒した「公共生活者」はみなそうやって生きていく。その彼・彼女にしてはじめて、「公共生活圏」を権力空間に変えてそこで人を何とか知的罠に嵌めようと図る権力行使的機制に対して断固としてノーを突きつけることができる。

「宗教的信条」は限られた「宗教家」や「思想家」だけでなく「公共生活圏」を生きる「公共生活者」すべてに関わる問題である。人はみな「いのち・こころ」「身わけ」「身行」「覚り」のプロセスを生きている。普通はただそれに自覚的でないだけである。日常の「生活世界」の中で、人との交わりの中で、いつでもどこでもそれは現になされているのであるから雑念を撥無して「三昧」の境地に生きようとするなら（たとえそこまで至らなくても、自分が選び取った道を真率《しんそつ》に生きようとするなら）、誰しもかならずその生き生きした「場」・「瞬間」に立ち会えるはずである。

要するに、「国家公共」「公共統治」には内発する自己励起作用があるのみで、外生的な他律規範作用はそこにはいっさいない*。そこには自己言及性のトートロジーがあるが、そのトートロジーはどこかで截断されねばならない**。何を以って「截断」するか、究極のところ**「霊性的自覚」の覚醒体験、「宇宙摂理」「宇宙生命」との共振体験**、それしかない。

*いま「国家」レベルでわれわれが直面している課題は、多様に分散配置された国民諸力をいかに多元的に「国家公共」へ向けて統摂するかの「公共統治」のあり方である。それは同時に、「公共生活圏」における「公共生活者」として「国のかたち」成形にどう関わるかというわれわれ国民一人ひとりの「生きるかたち」「生きる構え」「行動規範」「生活規範」の問題でもある。その課題・問題に正面から取り組むなかで「公共生活圏」における「公共生活者」の「公共的英知」はより高次次元へと創発する。「自己供犠・贈与・謝恩・奉仕」＝「協力同心・相互信頼・相互理解・相互支援」の精神・所業がそこを源境にして積み重ねられていく。そこには「霊性的自覚」によって覚醒した「日本的霊性」「霊性的世界」のハタラキがある。そのハタラキに共属する者同士という共通理解が「国家公共」「公共統治」のためのいわば「媒質」となる。この一連のプロセスのなかで「国家公共」「公共統治」の内実はつねに新しくされ、それへの「貢献」の仕方も新しい局面へと不断に展開されていく。あるべき「国のかたち」がそこに成形されていく。

**これまでは他律的規範として設定された「位階秩序体制」が社会公共の秩序を根柢で支えてきたと見ることができるが、これから本格的に到来するＡＩ時代では、そのような「一元的集団統治体制」は不可能ないしは不適合となり、代わって「ネットワーク型サテライト分散統治方式」が一般的になるためそこでは「役割貢献」が主流となる（企業ではすでにそうなりつつある）。では「位階秩序」抜きの「役割貢献」だけで果たして公共秩序の根幹は把持可能なのかが新たな課題として浮上してくる。「役割貢献」とは自らの「生きるかたち」「生きる構え」「行動規範」「生活規範」を以ってする「国家公共」「公共統治」への「貢献」である。そこには「国家公共」「公共的英知」とは何かの不断の問い直しがある。次の「第五章」で述べる大妻良馬の「霊界建設」思想はその回答の一範例である。

第五章

大妻良馬の「霊界建設」

「宇宙摂理」「宇宙生命」「霊性的世界」のハタラキを体現した生き方（「公共的英知」の体現主体たる「英知公共人」として「国家公共」の師表たるべく自らを律する生き方）を希求しつづけた者の一例として、ここでは　学校法人大妻学院の創立者大妻コタカの夫　大妻良馬の『霊界建設』思想を取り上げる。（本章の記述の多くは拙著『AI時代の企業経営』／彩流社刊からの再録であることを予め御断りしておく）。

そこにはわが国古来の精神的伝統「やまとだましひ」を嗣ぐ「やまとますらを」「やまとみな」の生き方がある。

最初に、大妻良馬の人と思想について瞥見しておく（詳しくは拙著『大妻良馬の人と思想』…電子出版：ISBN978−4−907136−00−0を参照）。

大妻良馬という男

大妻家の遠祖は諏訪明神の神官大祝（おおほうり）家、直近の先祖は承久の乱で後鳥羽上皇側について戦い戦死した大妻太郎兼澄である（長野県安曇に現存する大妻神社は大妻兼澄公を祀る）。つまりその出自には「神道家」の流れ（「霊性」に関わる流れ）と「武家」（「かたち」「構え」「規範」に関わる流れ）の合流がある。

大妻良馬は、明治4年6月15日、高知県高岡郡戸波村水野の医家、大妻定馬の三男として出生、地元の尋常小学校を4年次終了で卒業、その後は自家で農を手伝う傍ら、自身学びの足らざるを覚えることあって近村の夜学に通い日本外史、四書五経などを学習する。明治24年20歳を待って現役志願兵として工兵第五大隊第二中隊（広島）に入隊。日清・日露の戦争に従軍、特に日露戦争においては乃木将軍の配下、大島大将の下で工兵小隊長として露軍二龍山砲台爆破作戦を指揮、その軍功により金鵄勲章を授与される。除隊後は宮内庁技官として、歴代天皇陵の管理修築、庁内倉庫に眠る宝物類の整理などの責任者として活躍（ここでも「武」と「文」の双方が関わる）。コタカと結婚後（明治40年6月、良馬36歳再婚、コタカ23歳初婚）はかつての上官である大島陸軍大将の知遇により同邸内（いま上智大学のある場所）の長屋に居住を許され、コタカはその長屋の空き室で裁縫手芸の家塾を開設する（明治41年9月）。熟生15名からのスタートであった。

大妻良馬は性剛直で信義に篤い一方、純朴な人懐っこさでみなに愛される一面もあった。これは終生変わらない。いったん事を決めたら最後までやり抜く勇猛果敢さはときに人を辟易させるも他から寄せられる絶大な信頼の基礎ともなった。

大正12年9月1日、関東大震災で前年新築したばかりの大妻校舎（千代田区麹町三番町の現在地）が罹災全焼した直後からの仮校舎での授業再開手配、罹災校代表の一員として政府との低利融資交渉、校舎新築用資材の調達に関東各地を奔走するなど、獅子奮迅の働き振りはその端的である。

満州という寒冷の大地を相手にしての苛酷な工兵隊勤務のせいで生涯多病（世間では「満州病」と称されたさまざまな内臓疾患）、昭和4年3月12日、満57歳を末後に肺炎により自宅にて死去。予て文部省と交渉中の学校法人認可申請にやっと目途がつき、「文部省からの帰途、日枝神社にお礼参りに行って来た、あなたは浅草の観音様にお礼参りをして来るように」、これが妻コタカとの今生での最後の会話となった。

大妻良馬の思想

大妻良馬にとって、「公」を「共」へ、「国家」を「公共」へと媒介するのは「**無私・信頼・恩義・感謝**」の信条であった（本書の「自己供犠・贈与・謝恩・奉仕」、および「協力同心・相互信頼・相互理解・相互支援」の精神・所業にそれぞれ相応する）。

良馬はその著『吾等の信念』で次のように言う。「己を知ることは敢えて他人に後れない自信を持って」、「諸他の**恩義**に感激して其の及ばざらんことを惧れつつ、少しでもより多く国家社会に**貢献**して自己の受けつつある**恩義に報いる**べく一心に懸命の努力を続けている」。（因みに大妻良馬は自身の号を〝一心〟とする）。

彼の思想は突き詰めれば「霊性的世界」に行き着く。人は森羅万象あらゆるものの「**恩義**」を受けて〝いま〟を生かされている、人間の所業はすべてそれへの「**感謝**」である、先ずは「職業」を通してその「**謝恩**」の業に励むべきである、その根柢にあるのは〝やまとだましひ〟を体現する、つまり、高い凛性を把持しつつ、雅な心性をもって、柔軟に状況適応しながら、しかも、いざとなれば決然と覚悟を定めて事に処する、そういう**堅い信念と柔らかい人間性**を兼ね具えた生き方である*。

*大妻良馬が『大妻学校の過去と未来』『吾等が信念』などで書き残したものの中から彼の**恩義思想**の根幹を以下に抜き書きする。

《「道徳は自己に対しまた他人に対して必ず履み行わねばならぬ心の道義である。この世にあるとある総ての生物の中で**人間が最も多くの霊能を有している。かくも他物に優った特権を与えられているかぎりは他の動物の負わざる義務即ち道徳という道を守らねばならぬ。**その義務があるがために万物の霊長たる資格があるのである。而して、道徳は謝恩の行為をもって主なる条件とする。謝恩は森羅万象すべてに及ぶ。**この謝恩の継続が自己を幸福にすると同時に他人をも幸福にする道徳の真髄**である。多少ともこのことを弁えぬものはないが、一つややもすれば忘れがちな恩がある。社会公共の恩である。仏家の所謂衆生の恩である。その謝恩のためにはでき得るかぎり社会衆生に向かって謝恩の仕事をせねばならぬ」。

「恩とは仁慈愛恵の徳であり恵みである。すなわち生のことである。万物の生まれであることがすなわち恩である。実に恩は生々の理である。われわれは社会の子、国家の子として生まれるという意味でも、父母同様に社会、国家にも生みの恩がある、生みの恩のほかに育ての恩がある。**人には履み行うべき分限があり、規範がある。義があり道があり、正しき条理があり範がある。恩義とはこの恩と義を合わせたものであり、人倫道徳の根源であり、心の因であり、人間らしい生活を遂げる根本動機である。あらゆる道徳的行為はこの恩義・徳義・道義の表現**でなければならぬ。実に恩義は人間の守るべき法則、規範、金科、玉条である」。

「恩義を離れては瞬時も生活できない吾等人類は瞬時も**謝恩の心**を忘れてはならない。**謝恩即道徳**である。修養を必要とする所以である。勇猛邁進あるのみである。謝恩の方法は多岐である。**神**に対しては畏敬の念をもってこれを尊崇し、**君**に対しては尽忠の赤誠を捧げ、**職業**に尽瘁し、国民としての義務を全うし、**父祖**に対しては祖先を崇敬し、**父母**愛育の高恩を感謝し、孝行の誠を尽くしこれを慰藉し、**師長**に対しては啓蒙の高恩を謝し、**兄妹**に対しては友愛の真情を致し、**朋友**に対しては信義を盡し、**社**会に対しては互いに共同の誠意をもって共存共栄のために努力し、**国家**に対しては奉公の誠を捧げ、**宇宙万物**に対しては慈悲心をもって愛護し濫りに費消することなくその使命を全うさせる、これらが人としての謝恩の道である」。「恩義はまた**宗教**の根底である。恩義を感じるとき**感謝**の念が起こり、有難い忝ないの感が湧く。かくして感謝の生活に入る。これを信仰的態度、宗教的態度と云う。自己の生活の総てを神仏の命じ給うたところと信じ、**神**の恩寵、**仏**の冥加と覚える。**信仰**とはこのように神仏の恩寵の世界、選択の領海内に転入することである。かくして、**吾が働きは神仏の力であり働きである**と信じるに至り、鉄石不動の勇猛心も出来て、人類の生活に一段の深みと意義を加えることとなる」。》

要は、「宇宙摂理」のハタラキによって生かされているわれわれは、だからと言ってすべてを成り行きに任せればよいのではなく（それは責任放棄でしかない）、万物の霊長として「英知」の存在者であるがゆえに、不可思議霊妙な「宇宙摂理」のハタラキ（と自身が信じるところ）に随って、その全き成就へ向けて「**無私**」の精神を以って応報しなければならぬ、そこには宇宙摂理に随順する者同士の「**信頼**」がある。この「**無私**」「**信頼**」「**恩義**」「**感謝**」の行き着くところに「**霊界の共同建設**」という**大妻良馬独特の実践倫理**が開かれる*。

*最初に「**無私**」がある。「背私向公」「忘己利他」の精神である。そこには想いを同じくする者同士の「**信**

頼」がある。「信頼」は他者一般・森羅万象への「**恩義**」へと繋がる。良馬にとって特に大事なのが「国家公共」の「恩義」である。宇宙万物は「恩義」の連鎖で結ばれていることを思えばそこには「**感謝**」あるのみである。「感謝」は職業への尽瘁という「**報謝**」に繋がる。そして、良馬の場合この全体構図を根源的に支えるのが「**霊界建設**」の思想である。

「国家公共」観念は、国民の日常生活意識レベル（「公共生活圏」における「公共生活者」の意識レベル）までそれは浸透して（活かされて）いなければならない。それを体現する「個～個人」が集まってより広範な、しかもより複雑な「公共圏」として「国家」が形成されるのである。そこにおいて「国家公共」観念を最終的に担保するもの、「公共統治」の正統性を最終的に保証するもの、それは「**民心**」と言うしかないとして、その「民心」の赴くところのさらに高次次元に大妻良馬は**崇高な精神性**、**理念性**、**倫理性**を求める。彼はそれを天皇霊および先祖霊とともに行う「**霊界建設**」とする。「**霊界**」**とは宇宙誕生以来138億年の時空を貫いている「宇宙摂理」「宇宙生命」のハタラキの世界であり、「建設」とは過・現・未に亘るすべての人間が相共同して「宇宙生命」のより十全な生成に向けて協働し合うこと**である*。

*「五箇条の御誓文」の第四カ条にある「旧来ノ陋習ヲ破リ天地公道ニ基クベシ」の「天地公道」は「広く通用する道理」の意味であり、われわれの言う「宇宙摂理のハタラキ」に通じる。

また、発布の際の勅語にある「朕、身を以て衆に先んじ天地神明に誓い、大いに国是を定め、万民保全の道を立んとす。衆またこの旨趣に基き協心努力せよ」の「天地神明に誓い」、「万民保全の道」「協心努力せよ」も「宇宙摂理のより十全なハタラキに協力同心して励もう」という国民への呼びかけである。

勅語とともに出された宸翰にある「…朕が業を助て神州を保全し列聖の神霊を慰め奉らしめば生前の幸甚ならん」の「列聖の神霊」が良馬にとって「霊界」であり、「業を助て神州を保全」することこそがその「建設」であった。

大妻良馬はこのように天皇・皇室とともにする「霊界建設」を謳うが、当然そこには時代思潮の影響がある。もし良馬が戦後も生きながらえていたなら（昭和4年死去）、彼の天皇・皇室観はたとえば前に引用した津田左右吉の戦後の天皇・皇室観に近いものとなっていたはずである（『建国の事情と万世一系の思想』昭和21年『世界』第四号／岩波書店）。概略を再度引用する。

「…皇室はおのずから国民のうちにあって国民と一体であられる。…国民的結合の中心にあり国民的精神の生きた象徴であられるところに、皇室の存在の意義がある。…国民の内部にあられるが故に皇室は国民とともに永久であり、国民が父祖子孫相承けて無窮に継続すると同じく、その国民とともに万世一系なのである。…皇室は国民の皇室であり、天皇は「われらの天皇」であられる。…二千年の歴史を国民とともにせられた皇室を…美しく、安泰にし、その永久性を確実にするのは、国民自らの愛の力である。国民は皇室を愛する。愛するところにこそ民主主義の徹底した姿がある。…皇室を愛することは、おのずから世界に通ずる道徳的精神の大いなる発露である」。

日本国民が「父祖子孫相承けて無窮」であるが故に皇室もまた「国民とともに万世一系」である。そして、それは「世界に通ずる人道的精神の大いなる発露」である。天皇・皇室・国民一系して万世に亘る「霊界建設」に励むとする大妻良馬の思想はそういう意味では戦後にあってもけっして古びてはいない。

「霊界建設」

大妻良馬の念頭にいつもあったのは日本独自の文化的伝統の根底にある「日本的霊性」（鈴木大拙）であった。したがって、彼の天皇崇敬・皇室尊崇も「日本的霊性」を如何に正しく覚醒させるかにあった。そこに「霊界建設」という独自の思想が生まれる。

良馬の著作『吾等の信念』から該当するヶ所を以下に抜書きする。

≪「吾等の生活には**霊の生活**と肉の生活との両方面がある。霊と肉との一致の生活が即ち現世の人間の生活である。然るに肉體はやがて滅亡して霊のみ永久に存続するものである。即ち吾等の霊魂は肉體と共に現世を去って更に霊界に生まれ吾等が常に敬行尊崇の中心である歴代の皇室を中心として**霊界を建設し之を経営**し、而して現世に於いてなしたる善悪の行為によって栄枯苦楽の生活を続けるものであり、又吾等の現世に於ける善悪の行為は豈に自己に幸、不幸を招来するばかりでなく、其の影響は**霊界の祖先及後代の子孫**に及ぼすものであると推究断定するものである」。≫

われわれの現世における所為・所業はすべて祖先・子孫を含んだ（皇室をはじめとする日本民族すべてに関わる）「霊界建設」事業に繋がっている。

≪「此の霊生活の推定をなし得て始めて現世に於ける**霊肉一致の生活**が完全に遂げ得られるものと確信する」。≫

現世での道徳的生活もこの霊性的自覚があって初めて可能になる。

≪「我国民は霊の生活を推定し、一には先祖の霊が現存すると信じ、二には自己の霊が永遠に不朽であると信じて、其の基礎の上に種々の道徳を立てたのである」。「斯の如き信念の所有者となって**報恩**の思想は愈々強固であり、之が実行も容易であり、従って徳行を続ける結果として現世は素より来世の生活も幸福となることは勿論若し仮に犯したる既往の罪悪ありとすれば之を償い尚併せて祖先の罪障をも消滅させ延いて子孫に好影響を及ぼすことにもなるのである。その反対に悪徳を続けるときは其の影響も亦反対となって、自己の不幸は勿論祖先の霊生活を妨げ、子孫を不幸に沈淪せしめるものであって各自深く誡惧すべきことである」。≫

過・現・未に亘って永続される「霊界建設」事業によってはじめてわれわれの住むこの世界の倫理・徳性は担保される。では具体的にどうすればよいか、良馬は次のように言う。

≪「各自其の分限を守り、諸種の**恩義に感謝**して秩序を重んじ、其の職業を通じて、皇室国家を始めあらゆる**恩義に応報**すると同時に、父祖妻子を扶養し得られる幸福を感謝して**誠心誠意自己を空うし**、各自の本分である**職業**の為めに勇猛邁進努力すべきである」。「斯くするときは父祖に対しては孝子となり、皇室国家に対しては忠良なる臣民となり、社会にあっては有徳の長者として敬行せられるに至り、忠孝一本の我が**国民道徳の精髄**に合致することとなって現世は勿論来世即ち霊界に於ても必ずや幸福な生活を遂げることと深く信ずるものである」。≫

ここで彼が言わんとしているのが「霊界建設」思想である。「霊性的自覚」によって捉えられる**「宇宙摂理」の貫通する「世界」**、それが良馬にとって「霊界」である。**その「霊界」が歪むことなく**

この現実世界に活きてハタラクよう全員が「己を空うして」、つまり「自己供犠・贈与・謝恩・奉仕」＝「協力同心・相互信頼・相互理解・相互支援」の精神・所業を以って世事に従事する、それが良馬にとっての「霊界建設」なのである。宇宙万物はみな共鳴・共振し合っている。その**過・現・未に亘る相即相入、相補相依的相互作用のなかで万物は生成する。われわれの「いのち」もその「宇宙生命」のこの世への顕現である。この「宇宙摂理」のハタラキに自ら参入して、それを援けること、それが良馬の言う「霊界建設」**なのである*。

*明治政府は国民統合の核をどこに求めるかを慎慮のうえ、日本古来の村落共同体を基盤にして、それに家父長制的官僚機構を接ぎ木し、その頂点に上下を貫通する中核価値として天皇・皇室を拝戴することとした。その後、資本主義的生産の一般化とともに広範な市民大衆層が登場してくるにつれて、そこに新たな問題が生じる。理念的・精神的中核価値としての天皇と現実の国家統治機構とをどう結びつけるかという問題である。時あたかも「自由民権運動」「天賦人権論」「天皇機関説」「国体明徴運動」などが世間を騒がせる。これらの問題に対する良馬なりの解答が「霊界建設」思想なのであった。

大妻良馬の思想の根柢にはわが国固有の「**神儒仏道習合的霊性体験**」がある。そこは宇宙摂理のハタラク「霊性的世界」である。**人はみなその「霊性的世界」を「窮極次元」「根源次元」として目指す存在**なのである*。

*大妻良馬が目指すのは「宇宙摂理」のハタラキそのものであり、そして、そこへ至る「道」こそが彼の「霊界建設」というプロジェクトであった。良馬にとって「霊界」とは「宇宙摂理」「宇宙生命」が生きてハタラク「霊妙幽玄の世界」である。日本人は古来そこに「神霊的存在」のハタラキを見て、それをもとに独自の「信仰世界」を拔いてきた。総じてそれを日本的「神信仰」と呼ぶことができる。宣長の言う「何にまれ、尋常ならずすぐれたる徳のありて、可畏き物を迦微とは云なり」の「カミ」である。日本人の「基層信仰」「固有信仰」としての「祖霊信仰」もそこに含まれる。

日本で「神道」という言葉がはじめて登場するのは「日本書紀」であり、それは中国からの輸入であって、『易』「周易正義」で言う「霊妙な自然の理法」という意味であったとされる。『易』「繋辞伝」では、「陰陽不測、之を神と謂ふ」とある。近世以降「日本神道」(「伊勢神道」「両部神道」、さらには「吉田神道」「吉川神道」「垂加神道」など)の成立にともない古来の「基層信仰」もそこへ吸収されていくが、いまでもそれは「日本神道」の源基を成している。

「神道」には、キリスト教、イスラム教、仏教などのような「普遍宗教」がもつ「教理」はないとされる。開祖も教祖もいない。「宇宙摂理」そのものが「教理」であり「開祖」「教祖」なのである。したがって、「神道」にはすべての宗教(仏教だけでなく、儒教、道教なども)を取り込むことができる自在性・柔軟性・包容性がある。神仏習合はその典型であるが、たとえば「儒家神道」もあることを考慮するなら「諸教習合」と言ってよい。(以上、『神道とは何か』伊藤聡/中公新書、その他《参考文献》を参照)。

そういう意味では、大妻良馬の「霊界建設」思想も諸々の「思想」と習合(親炙)し得る普遍性をもっていると言える。(繰り返しになるが、かと言って「万世一系」神話による「国家神道」に基礎づけられた「国体論」「教育勅語」などをここで蒸し返そうと云うのではさらさらない。「明治維新」とは何であったのかは、いまもわが国の近現代史における批判的検討「課題」でありつづけている)。

おわりに

本書が主題的に取り上げてきたのはいずれも「国民」サイドからする論点であって、「国家」サイドからする国政レベルでの政策課題についての論議は意識的に避けてきた。「国家公共」を論じるなら、たとえば国家安全保障・治安・外交や、税制・財政・金融政策・景気対策・産業政策、水資源・エネルギー資源の確保を含む環境問題、社会共通資本（公共財）の公正・適切な運営管理、世代間負担の衝平化などが主題化されるべきだが、そこまでカバーするのは本著の範疇を大きく超え出てしまうのでそれは別の機会に譲らせていただく。

それは措くとして、各「生活圏」から見ていま何が国政レベルの課題かを例示すれば次のようになるだろう。

「**家族生活圏**」**では**さしずめ〈生活環境の整備〉、つまり、育児保育支援・介護支援のあり方などが中心課題となるだろう。なかでも高齢者ケアシステム構築など社会包括的な支援体制をどう組成するかは喫緊の課題である。

「**地域生活圏**」**では**先ずは〈国土保全・治山治水〉、加えて、地方創生と地域開発などが当面の中心的政策課題となるだろう。地方創生では近時特に災害対応が急務となってきている。各地域で起きている各種の動脈硬化現象にも早急な対処が求められる。原発立地、基地問題、産廃物処理、環境保全なども然り。

「組織生活圏」では当面〈社会共通資本の充実〉、特に、ＡＩやＩｏＴなどＩＣＴの高度活用によるサテライト分散配置型の業務体制・雇用制度のあり方、加えて、高齢者雇用、雇用のミスマッチなどが問題となるだろう。

「仲間生活圏」ではこれからの〈教育制度改革のあり方〉、たとえば、リカレント教育や生涯学習が、さらには、ＮＰＯ・ボランティア活動組成、グループホーム経営などが課題となるだろう。人生百歳の時代、長い余生を健康で美しく毎日を悦ばしく生きるにはどうすればよいか、社会構造全体に変革を迫る課題である。

右記をこれまでの構図に倣ってまとめれば〈図15〉のように表示できる。「国のかたち」という観点からするなら、先ずは、〈国家としての中核価値の提示〉、〈生活の保証と安寧の確保〉、〈国家資源の保全とその有効活用〉、〈国民の自由な活動の保証〉の「四軸座標系」が明確にされる必要がある。そのうえで四象限に配される各「生活圏」ごとの諸課題が検討の俎上に載せられる。

「まえがき」で本書は「輝く女性」への応援メッセージであると言った。本文でも随所でそのことについて触れてきたが、最後にもういちどそれを次の四点にまとめておく。〈図15〉の諸課題を解くにもこれは利いてくるはずである。

一、「公共」とは、〈「個」～「個人」〉存在同士が互いの個別利得を包越（揚棄）した「公」の

図15　国家内政面での当面の課題（例示）

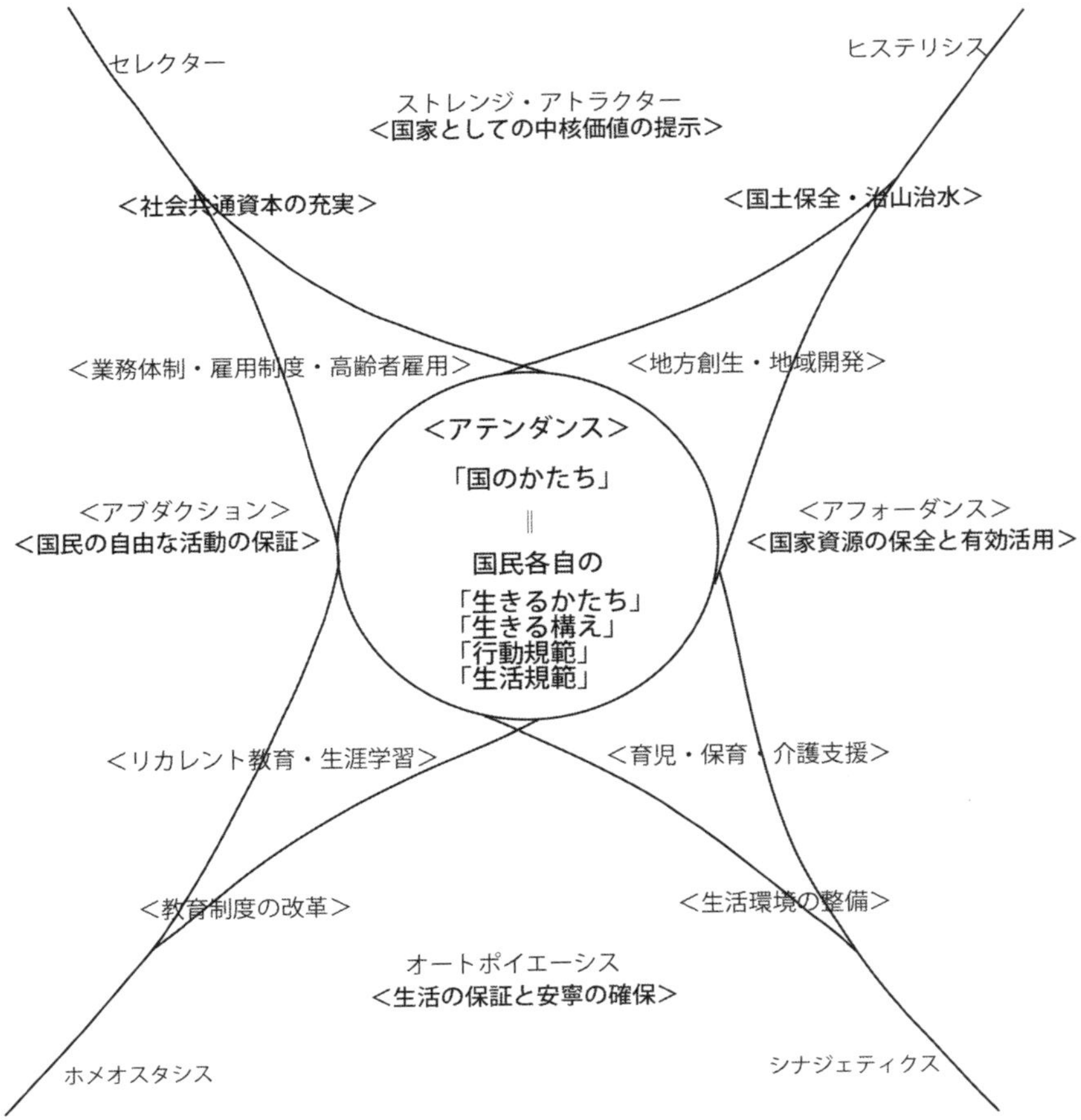

立場で互いの「共」生を相互保証し合うことである。男性はどちらかと言えば「個」を基軸に生きるように強いられ、あるいはそのように自己選択して来たのに対し、女性はいつも・すでに「個」と「個人」の中間に身を持して生きて来た。その点で男性に比べて女性の方が「公共」を担うに適した立場にいると言える。

二、「国のかたち」は、国民各人の「自己反照的・相互反照的対話」を踏まえた∧「個」・「公」、「国家」・「公共」∨の間のバランスによって成り立つ。この点でも∧「個」・「国家」∨に軸足を置く男性よりも女性の方がより適合的な立場にいると言える。

三、問題は、これらを吾身一身に引き受ける「自覚・決意」「覚悟・志」があるかどうかであるが、ここには男女の性差が格別にあるとは思えない。しかし「自覚・決意」「覚悟・志」も他者に受け入れられてはじめて意味があるという点を顧慮するなら、「他者への気遣い」という「やはらぎ」のある「母性性」に恵まれた女性の方が男性よりいくらか優位な位置についていると見ることもできないではない。

四、すべての根柢には「霊性的自覚」によって覚知される「宇宙摂理」「宇宙生命」「霊性的世界」のハタラキへの信がある。この点についても男女性差は本来的にありようがないが、強いて言えば「いのち」を育む性である女性の方が男性よりもそのことにいっそう親和的とは一般的には言えそうである。

という次第で、「輝く女性」の皆さんのさらなるご活躍への期待を篭めて本書を閉じさせていただく。

あとがき

「国のかたち」が崩れかけている。だからと言ってかつてのような「国体論」や「教育勅語」を蒸し返そうというのではない。問われているのは「国のかたち」をどう立て直すかである。それは国民各自が自らの「生きるかたち」「生きる構え」「行動規範」「生活規範」をつねに鍛え直し、それを「国家公共」の観点を以っていかに「国のかたち」成形へと連結していくかである。「自己供犠＝協力同心」「贈与＝相互信頼」「謝恩＝相互理解」「奉仕＝相互支援」の精神・所業がそれを支える。しかし、それは「国民」にとっても「国家」にとっても永遠に「未完のプロジェクト」でありつづける。

本書では、それには国民相互の間に「信」の力が、さらにその奥には「宇宙摂理」のハタラキへの信がなくてはならないとする。繰り返し注意を要するのは、それがファナティックな国粋主義やカルト的自己陶酔に乗っ取られたり、あるいは「日本特異論」に摺り変えられたりする可能性がつねにある点である。それを避けるには、われわれ国民各自がそれらに対し断固としてノーを突きつける強靭な「而立而存」の自己を把持しつづけるしかない。

本書を執筆するに当たっては大妻学院「人間生活文化研究所」で私が主催する「輝く女性フォーラム」において、井上美沙子大妻女子大学副学長、成島由美大妻中学高等学校長、谷林真理子大妻多摩中学高等学校長、宮澤雅子大妻中野中学高等学校長（前）、真下峯子大妻嵐山中学高等学校長のほか、一々お名前を挙げることは差し控えさせていただくが第一線で活躍しておられる多くの女性の皆さまから貴重な体験や知見を拝聴させていただくことができた。それは本書の随所で活かさせてもらっている。本書にいささかでも「やはらぎ」があるならそれは偏に皆さまのお蔭である。改めて心から感謝を申し上げる。

令和元年七月

大妻コタカ没五十年祭の年に

本書を大妻良馬・コタカ夫妻の霊に捧げる　花村邦昭

≪参考文献≫

「まえがき」で触れた拙著（三和書籍刊）、および『ＡＩが開く新・資本主義』、『ＡＩ時代の起票経営』（彩流社刊）で≪参考文献≫とした挙げたものは煩雑を避けるため省略のこととする。

『国体論はなぜ生まれたか　明治国家の知の地形図』米原謙／ミネルヴァ書房
『「もののあはれ」を読み解く　「源氏物語」の真実』小谷恵造／ミネルヴァ書房
『単一民族神話の起源　〈日本人〉の自画像の系譜』小熊英二／新曜社
『神道とは何か　神と仏の日本史』伊藤聡／中公新書
『神と仏の出逢う国』鎌田東二／角川選書
『神道入門―民俗伝承学から日本文化を読む』新谷尚紀／ちくま新書
『国家神道』村上重良／岩波新書
『折口信夫全集』（第二十巻「神道宗教編」ほか）／中央公論社
『折口信夫事典』西村亨編／大修館書店
『魂の考古学　問いつづける折口信夫』上野誠／新潮選書
『新世界秩序　21世紀の〝帝国の攻防〟と〝世界統治〟』ジャック・アタリ／作品社
『道徳と宗教の二つの起源』アンリ・ベルグソン／ちくま学芸文庫
『心理学と錬金術　Ｉ』Ｃ・Ｇ・ユング／人文書院
『現代宗教意識論』大澤真幸／弘文堂
『仏教思想のゼロポイント　「悟り」とは何か』魚川裕司／新潮社

『初期キリスト教の霊性』荒井献／岩波書店
『公共性』斎藤純一／岩波書店
『公共圏に挑戦する宗教』ユーゲン・ハーバーマスほか／岩波書店
『天皇制国家と政治思想』三本三之助／未来社
『天皇と宗教』小倉慈司・山口輝臣／講談社学術文庫（『天皇の歴史』シリーズ9）
『天皇　霊性の時代』竹本忠雄／海竜社
『天皇論　象徴天皇制度と日本の来歴』坂本多加雄／文春学芸ライブラリー
『対談　天皇日本史』山崎正和／文春学芸ライブラリー
『日本精神史　自然宗教の逆襲』阿満利麿／筑摩書房

【【著者プロフィール】

花村　邦昭（はなむら　くにあき）

1933 年、福岡県生まれ。学校法人大妻学院 顧問。
東京大学経済学部卒業。（株）住友銀行（現三井住友銀行）専務取締役を経て、1991 年、（株）日本総合研究所社長に就任。会長を経て現在同社特別顧問。
2007 年、学校法人大妻学院常任理事を経て、2008 年、理事長に就任、2016 年、学長を兼任、2017 年より現職。
・著書に『知の経営革命』（東洋経済新報社 2000 年、日本ナレッジマネジメント学会賞受賞）、『働く女性のための＜リーダーシップ＞講義』（三和書籍 2013 年）、『女性管理職のための＜リーダーシップ＞セミナー Q&A』（三和書籍 2014 年）。『女性が輝く時代　女性が「働く」とはどういうことか』（三和書籍 2015 年）、『〝やまとをみな〟の女性学』（三和書籍 2017 年）、『AI が開く新・資本主義』（彩流社 2018 年）、『AI 時代の起票経営』（彩流社 2018 年）。
・編書に『生命論パラダイムの時代』（ダイヤモンド社 1997 年、レグルス文庫 1998 年）。
・電子出版として、
『大妻コタカ　母の原像』

(http://www.ihcs.otsuma.ac.jp/ebook/book.php?id=49)

『大妻良馬の人と思想ー忘私奉公の生涯』

(http://www.ihcs.otsuma.ac.jp/ebook/book.php?id=1)

女性が輝く時代　国家公共という生き方

2019 年　7 月　26 日　　第 1 版第 1 刷発行

著　者　花村　邦昭

発行者　高橋 考
発行所　三和書籍
〒 112-0013　東京都文京区音羽 2-2-2
TEL 03-5395-4630　FAX 03-5395-4632
http://www.sanwa-co.com/
info@sanwa-co.com
印刷所　中央精版印刷株式会社

乱丁、落丁本はお取り替えいたします。

価格はカバーに表示してあります。


ISBN978-4-86251-389-2　C0030

三和書籍の好評図書

Sanwa co.,Ltd.

大嘗祭の本義 民俗学からみた大嘗祭

折口信夫 著　森田勇造 現代語訳

四六判／並製／ 128 頁　本体 1,400 円＋税

●平成から令和へと変わる今年の 11 月には、新天皇の即位にともなって 30 年ぶりに大嘗祭が執り行われる。本書は、この機会に、民俗学者としても知られる折口信夫が、昭和の大嘗祭を前にして大嘗祭について講演した講話を、わかりやすい現代語に訳したものである。古式に則った神秘的な皇室行事の一端を知るのに恰好な 1 冊。

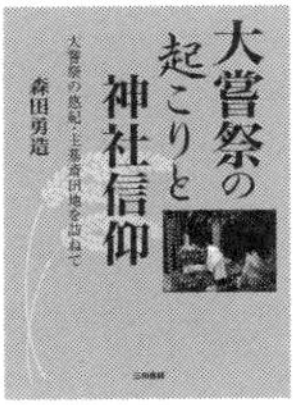

大嘗祭の起こりと神社信仰

－大嘗祭の悠紀・主基斎田地を訪ねて－

森田勇造 著

A5 判／並製／ 160 頁　本体 1,800 円＋税

●大嘗祭とは、天皇一代一度の行事で、約 1300 年前から続いている天皇即位の際に行われる儀式のことである。明治、大正、昭和、平成の斎田地は、記念碑が建立されているので誰が訪れても確認できる。本書は、著者自身が本年秋に行われる大嘗祭を前に、明治、大正、昭和、平成の東西二か所ずつの八か所と年代不詳の備中主基斎田地を訪ね、当時の様子を知る方々に話を伺い、写真も多数掲載している。

平和の実践叢書 1

自分がされたくないことは人にもしない

グローバル公共倫理

王　敏 編著

四六判　並製　440 頁　本体 3,200 円＋税

● 1975 年、当時の現職首相であった福田赳夫と西ドイツ元首相ヘルムート・シュミットは、歴史の教訓に学んだ平和倫理を確立するため、インターアクションカウンシル（通称 OB サミット）を主導した。それが福田康夫元首相に引き継がれ、黄金律である「己所不欲、勿施于人」が「世界人類責任宣言」として採択され、世界に向けて発信された。本書はその平和実践ワークショップの記録である。

平和の実践叢書 2

嵐山の周恩来　日本忘れまじ！

王　敏 著

四六判　並製　352 頁　本体 2,200 円＋税

●周恩来が 1919 年、日本留学を終え、帰国する前に、雨の中京都の名勝地・嵐山を探訪した。桜が咲き乱れる 4 月 5 日のこと。2 度も嵐山を訪ねた理由を探るため、筆者は嵐山の人文的地理的背景を考察してみたところ、日中文化の交じり合う点と線を見つけた。それは日本の禹王・治水の角倉了以と禅師の隠元と高泉が絡み合っていた。